TUSHI LILUN ZHIDAO XIA DE
DAXUE YINGYU JIAOXUE YANJIU

U0956321

图式理论指导下的大学英语教学研究

宋玉萍　林丹卉　陈　宏 / 著

知识产权出版社
全国百佳图书出版单位

图书在版编目（CIP）数据

图式理论指导下的大学英语教学研究/宋玉萍，林丹卉，陈宏著. —北京：知识产权出版社，2019.9

ISBN 978－7－5130－6412－5

Ⅰ.①图… Ⅱ.①宋… ②林… ③陈… Ⅲ.①英语—教学研究—高等学校 Ⅳ.①H319.3

中国版本图书馆 CIP 数据核字（2019）第 182742 号

内容提要

本书以图式理论为指导，以卡莱尔的图式分类（语言图式、内容图式、形式图式）为基础，研究如何在大学公共英语教学中通过合理教学手段有效激活或建构学生头脑中的三种图式，从而达到提高课堂效率，提升学生英语水平的目的。

全书由六个章节组成，第一章主要介绍我国目前大学公共英语教学现状、大学生的英语学习现状，以及图式理论在我国的研究现状。第二章文献综述，主要从发展、作用及分类三个方面对图式理论进行详细介绍。第三章到第五章为实证部分，分别将图式理论应用于大学英语的阅读、写作及听说教学中，通过实验班与对照班的实验研究，证实了图式理论应用于公共外语教学中有助于提高学生的阅读、写作及听说能力。第六章结语中分析了实证中的局限所在，以及图式理论应用于教学中的难点和未来的改进方向。

本书是目前第一次将图式理论应用于大学英语的阅读、写作及听说方面的综合研究，对于公共英语教学有借鉴意义，关注学生的图式激活与建构意味着关注学生对知识的吸收过程，能够将教学真正地做到以学生为中心。希望本研究能起到抛砖引玉的作用，带动更多教师投入到相关研究中。

责任编辑：兰　涛　　**责任校对：**谷　洋
封面设计：郑　重　　**责任印制：**刘译文

图式理论指导下的大学英语教学研究

宋玉萍　林丹卉　陈　宏　著

出版发行：知识产权出版社有限责任公司	**网　　址：**http://www.ipph.cn
社　　址：北京市海淀区气象路50号院	**邮　　编：**100081
责编电话：010－82000860转8325	**责编邮箱：**136644252@qq.com
发行电话：010－82000860转8101/8102	**发行传真：**010－82000893/82005070/82000270
印　　刷：三河市国英印务有限公司	**经　　销：**各大网上书店、新华书店及相关专业书店
开　　本：787mm×1092mm　1/16	**印　　张：**18
版　　次：2019年9月第1版	**印　　次：**2019年9月第1次印刷
字　　数：206千字	**定　　价：**72.00元

ISBN 978-7-5130-6412-5

前　言

自德国哲学家康德（Kant）在1781年提出图式这一概念以来，图式理论已经走过了200多年的历史。经过几代研究学者的努力，图式理论不断发展与完善，瑞士心理学家皮亚杰（Piaget），格式塔心理学家巴特利特（Bartlett）以及人工智能专家鲁姆哈特（Rumelhart）都对图式理论的发展与完善做出了不可磨灭的贡献，时至今日，将图式理论应用于各个领域的研究也取得了长足的进步与发展。尽管我国在20世纪80年代末才开始对图式理论进行研究，起步相对较晚，但从90年代末期开始，国内对图式的研究就进入了活跃时期，尤其是将图式理论应用于国内各个层次的英语教学的研究层出不穷，对于提高英语教学效率与学生英语水平起到了重要作用。

用图式理论指导英语教学的重要意义在于图式理论让教师第一次真正地从学生接收与吸收信息的角度去考虑教学，按照卡莱尔（Carrell）的分类，图式可以分为语言图式、内容图式及形式图式。学生在英语输入与输出方面的任何问题都可以用这三种图式来解释，例如，英语写作中的语言贫乏源于语言图式的不足，写作内容的空洞源于内容图式的缺乏，写作不够连贯是因为形式图式的缺失。知道了学生英语学习中的问题所在，教师就可以有的放矢地来进行教学设计，设法激活或建构学生头脑中的图式。对于学生来说，了解了自身头脑中的这三种图式类型，就可以认真剖析自己在英语学习方面具体是哪个方面不足，就可以有针对性地来提高英语水平。将图式理论应用于高校英语教学可以说是真真切切地将"以学生为中心"落到实处，以学生头脑中已有的图式为基础来设计教学，以扩充或建构学生头脑中新的图式为教学目标，从学生对信息接收程度的角度来考虑整个教学过程。

我们历经一年多时间，对所在理工科院校 2016 级两个选课班级及 2018 级两个选课班级分别进行对比实验教学，以图式理论为指导，研究如何在大学公共英语教学中通过合理教学手段有效激活或建构学生头脑中的三种图式，从而达到提高课堂效率、提升学生英语水平的目的。本书由六章组成，林丹卉老师对图式理论及国内高校英语教学现状进行了梳理与总结后，在第一章中主要介绍了我国目前大学公共英语教学现状以及大学生的英语学习现状，以及图式理论在我国的研究现状。在第二章中林丹卉老师主要从发展、功能及分类三个方面对图式理论进行详细介绍。第三章至第五章为实证部分，宋玉萍和陈宏两位一线教师将图式理论实际应用于大学英语的阅读、写作及听说教学中，通过实验班与对照班的实验研究，证实了图式理论应用于公共外语教学中有助于提高学生的阅读、写作及听说能力。第六章结语中分析了实证中的局限所在，以及图式理论应用于教学中的难点和未来的改进方向。

本书是目前第一次将图式理论应用于大学英语的阅读、写作及听说方面的综合研究，对于公共英语教学有借鉴意义，在此感谢参与这个实验的学生与同事，感谢他们给予的建议、支持与肯定，希望本研究能起到抛砖引玉的作用，带动更多教师投入相关研究中，为高校的英语教学发展贡献力量。

著 者

2019 年 1 月 15 日

目　录

1. 引　论 ······ 1

1.1　中国大学生英语学习现状 ······ 2

1.1.1　大学英语教学要求 ······ 2

1.1.2　大学生英语学习现状 ······ 8

1.2　图式理论在我国的研究现状 ······ 11

1.2.1　国内图式理论研究的发展阶段 ······ 13

1.2.2　国内图式理论研究现状 ······ 14

2. 图式理论 ······ 18

2.1　图式理论的发展 ······ 20

2.1.1　康德的图式概念 ······ 20

2.1.2　皮亚杰的图式理论 ······ 22

2.1.3　巴特利特的图式研究 ······ 27

2.1.4　鲁姆哈特的图式理论 ······ 30

2.2　图式的功能 ······ 34

2.2.1 构建功能 …… 34
2.2.2 搜索功能 …… 35
2.2.3 剪辑功能 …… 35
2.2.4 预测及推理功能 …… 36
2.2.5 迁移作用 …… 36
2.3 图式的分类 …… 37
2.3.1 皮亚杰的图式分类 …… 37
2.3.2 卡莱尔的图式分类 …… 38
2.3.3 国外其他分类 …… 41
2.3.4 国内图式分类 …… 42

3. 图式理论与英语阅读教学 …… 49
3.1 学生的英语阅读现状 …… 50
3.2 传统阅读教学的缺陷 …… 58
3.3 三种阅读模式 …… 60
3.3.1 哥德曼的“自上而下”模型 …… 61
3.3.2 高夫的“自下而上”模式 …… 63
3.3.3 鲁姆哈特的相互作用模式 …… 65
3.4 国内外基于图式理论英语阅读教学研究状况 …… 66
3.4.1 国外研究现状 …… 66
3.4.2 国内研究状况 …… 68
3.5 图式理论在阅读教学中的应用 …… 69
3.5.1 阅读前新建与激活图式 …… 69
3.5.2 阅读中运用图式与策略 …… 74

3.5.3 阅读后巩固与重建图式 …………………………… 78
3.6 图式理论在英语阅读中的实证研究 ………………… 81
3.6.1 实验设计 ………………………………………… 81
3.6.2 实验过程 ………………………………………… 82
3.6.3 实验结果 ………………………………………… 87
3.6.4 实验结果分析 …………………………………… 87
3.6.5 实验对英语阅读教学的启示 …………………… 89
3.6.6 研究局限性 ……………………………………… 91

4. 图式理论与英语写作教学 ……………………………………… 93
4.1 学生的英语写作现状 ………………………………… 94
4.2 写作教学的缺陷 ……………………………………… 98
4.3 常用写作教学法 ……………………………………… 101
4.3.1 成果写作教学法 ………………………………… 101
4.3.2 过程写作教学法 ………………………………… 102
4.3.3 写长法 …………………………………………… 104
4.4 图式理论与二语写作 ………………………………… 107
4.4.1 图式与写作构思 ………………………………… 108
4.4.2 图式与文章框架结构 …………………………… 109
4.4.3 图式对于写作者创作的刺激 …………………… 110
4.4.4 图式中的陈述性知识和程序性知识的作用 ……… 111
4.5 以读促写 ……………………………………………… 112
4.5.1 "以读促写"的定义 …………………………… 112
4.5.2 "以读促写"的理论依据 ……………………… 114

4.5.3 国内外“以读促写”的相关研究 …… 116
4.5.4 “以读促写”的必要性和可行性 …… 119
4.5.5 “以读促写”的实施过程 …… 122
4.6 图式理论指导下的“以读促写”的实证研究 …… 131
4.6.1 实验设计 …… 131
4.6.2 实验过程 …… 133
4.6.3 实验结果 …… 141
4.6.4 实验结果分析 …… 142
4.6.5 实验对英语写作教学的启示 …… 143
4.6.6 研究局限性 …… 144

5. 图式理论与英语听说教学 …… 146
5.1 学生英语听与说学习现状 …… 147
5.2 高校英语听说教学存在的问题 …… 150
5.3 听力学习三种模式 …… 151
5.3.1 “自下而上”的听力理解模式 …… 152
5.3.2 “自上而下”的听力理解模式 …… 153
5.3.3 平行互动的听力理解模式 …… 155
5.4 国内外有关图式理论指导下的听说教学研究 …… 156
5.5 图式理论与听力教学 …… 158
5.4.1 听前热身阶段 …… 160
5.4.2 听力理解阶段 …… 162
5.4.3 听后巩固阶段 …… 164
5.6 图式理论与口语教学 …… 165

5.7 图式理论在英语听说中的实证研究 …… 167
5.7.1 实验设计 …… 167
5.7.2 实验过程 …… 168
5.7.3 实验结果 …… 175
5.7.4 实验结果分析 …… 175
5.7.5 实验对英语听说教学的启示 …… 177
5.7.6 研究局限性 …… 179

6. 结 语 …… 180

附录1 大学生英语阅读能力与水平调查问卷 …… 183
附录2 阅读前测试题 …… 186
附录3 阅读后测试题 …… 196
附录4 实验班阅读前测后测成绩对比 …… 206
附录5 对照班阅读前测后测成绩对比 …… 209
附录6 阅读实验读写课文 …… 212
附录7 阅读实验的学生访谈 …… 215
附录8 大学英语写作水平调查问卷 …… 217
附录9 作文评分标准 …… 219
附录10 实验前测作文题目 …… 221
附录11 实验后测作文题目 …… 222
附录12 “以读促写”实验读写课文 …… 223
附录13 “以读促写”教学学生访谈题目 …… 227
附录14 实验班作文前测后测成绩对比表 …… 228

附录 15　对照班作文前测后测成绩对比表 …………………… 231
附录 16　大学生英语听说学习现状调查问卷 ………………… 234
附录 17　听力前测试题 ……………………………………… 241
附录 18　听力后测试题 ……………………………………… 249
附录 19　口语评分标准 ……………………………………… 257
附录 20　实验班听说成绩前测后测对比 …………………… 259
附录 21　对照班听说成绩前测后测对比 …………………… 262
附录 22　英语听说访谈题目 ………………………………… 265

参考文献 ……………………………………………………… 266

1. 引　论

作为一种国际通用交流语言，英语在全球范围内的政治、经济和文化活动中的主导地位已经不可动摇。在我国，随着对外贸易与文化交流的不断加深，英语越来越普及，人们掌握英语能力高的城市和地区往往更容易调取进而利用全球资源，发挥出其自身独特的竞争力。对于企业而言，要想在当今国际化的市场中保持竞争力和促进创新，良好的英语沟通能力是一个关键要素；对于个人而言，熟练掌握英语已成为当今社会每个人职业发展的必备技能之一。在我国，上至耄耋老人，下至 3 岁娃娃，都投入学习英语的大潮中。据统计，我国目前大约有 4 亿人在学习英语。国内目前很多大学生从小学一年级，甚至幼儿园阶段就开始学习英语，到大学一年级已经学了整整 12 年的英语，但是学习的效果如何呢？著名的英语培训机构英孚教育自 2011 年起，每年会发布一份《全球英语熟练程度报告》，以方便人们了解世界各地的英语教学成果。以最近 3 年的成绩来看，我国大陆地区的成绩并不乐观。2016 年，我国整体的英语熟练程度在 72 个受测国家和地区中排名第 39 位；2017 年，我国整体的英语熟练度得分 52.45 分，在 80 个受测国家和地区中排名第 36 位；而 2018 年发布的结果显示，中国的整体英语熟练度得分略有下降，为 51.94 分，在 88 个国家和地区中位居第 47 位，结果显示，我国整体的英语熟练度一直在低熟练度范围徘徊。以 2018 年调查为例，亚洲有 12 个国家和地区参加测试，新加坡和马来西亚是英语熟练度最高的国家，中国大陆在亚洲区域排名倒数第二。可见十多年的英语学习经历并没有让我国大学生能够得心应手地运用英语，该调查充分暴露了我国英语教学方面的问题与不足。

1.1　中国大学生英语学习现状

1.1.1　大学英语教学要求

大学英语课程一直以来都是全国各大高校中规模最大的一门公共课程，也是大学生最重视的基础课程之一，一直以来，大学英语教学都受到了广大师生和各级教育主管部门的高度重视，几十年来我国上上下下发生了翻天覆地的变化，对外贸易与文化交流越来越多，英语普及率逐年攀升，对英语的需求也在逐年变化，因此大学英语教学要求也根据实际要求，与时俱进地不断更新。2017 年，教育部高等教育司结合我国教学实际情况，根据《国家中长期教育改革和发展规划纲要（2010—2020 年）》和教育部《关于全面提高高等教育质量的若干意见》等文件的精神，总结了过去十年大学英语课程建设和教学改革的经验，在2007年发布的《大学英语课程要求》的基础上，制定了《大学英语教学指南》（以下简称《教学指南》）。在《教学指南》中根据我国现阶段高等教育和社会发展的实际条件现状，将大学英语课程的教学目标分为三个等级，分别是基础、提高和发展。基础目标的教学要求主要针对的是大部分学生本科毕业时英语应该达到的基本要求，提高目标和发展目标的教学要求则针对的是对学生英语应用能力要求较高的专业的要求。

根据《教学指南》，基础目标的内容主要有：能够基本满足日常生活、学习和未来工作中与自身密切相关的信息交流的需要；能够基本正确地运用英语语音、词汇、语法及篇章结构等语言知识，在高中阶段应掌握的词汇基础上增加约2000个单词，其中400个单词为与专业学习或未来工作相关的词汇；能够基本理解语言难度中等、涉及常见的个人和社会交流题材的口头或书面材料；能够就熟悉的主题或话题进行简单的口头和书面交流；能够借助网络资源、工具书或他人的帮助，对中等语言难度的信息进行处理和加工，理解主旨思想和重要细节，表述基本达意；能够使用有限的学习策略；在与来自不同文化的人交流时，能够观察到彼此之间的文化和价值观差异，并能根据交际需要运用有限的交际策略。

提高目标的主要内容有：能够在日常生活、学习和未来工作中就熟悉的话题使用英语进行较为独立的交流；能够比较熟练地运用英语语音、词汇、语法及篇章结构等语言知识，在高中阶段应掌握的词汇基础上增加约3000个单词，其中600个单词为与专业学习或未来工作相关的词汇；能够较好地理解语言难度中等、内容熟悉或与本人所学专业相关的口头或书面材料，理解材料内部的逻辑关系、篇章结构和隐含意义；能够以口头和书面形式较清楚地描述事件、物品，陈述道理或计划，表达意愿等；能够就较熟悉的主题或话题进行较为自如的口头和书面交流；能够较好地使用学习策略；在与来自不同文化的人交流时，能够较好地处理与对方在文化和价值观等方面的不同，并能根据交际需要较好地使用交际策略。

发展目标的主要内容有：能够在日常生活、学习和未来工作等诸多领域中使用英语进行有效的交流；能够有效地运用有关篇章、语用等知识；能够较好地理解有一定语言难度、内容较为熟悉或与本人所学专业相关的口头或书面材料；能够对不同来源的信息进行综合、对比和分析，并得出自己的结论或形成自己的认识；能够就较为广泛的主题，包括大众关心的和专业领域的主题进行较为流利的口头和书面交流，语言符合规范；能够以口头和书面形式阐明具有一定复杂性的道理或理论；能够通过说理使他人接受新的观点或形成新的认识；能够恰当地使用学习策略；在与来自不同文化的人交流时，能够处理好与对方在文化和价值观等方面的不同，并能够根据交际情景、交际场合和交际对象的不同，恰当地使用交际策略。

可见三个层次的目标内容清晰明确，根据三级教学目标又提出了三个级别的教学要求。三个级别教学要求的语言单项技能具体内容摘抄如下。

基础目标：

1. 听力理解能力：学生能听懂就日常话题展开的简单英语交谈；能够基本听懂语速较慢的音频、视频材料以及题材熟悉的讲座，掌握中心大意，抓住要点；能够听懂用英语讲授的相应级别的英语课程；能够听懂与工作岗位相关的常用指令、产品或操作说明等。能够运用基本的听力技巧。

2. 口头表达能力：能够就日常话题用英语进行简短、多话轮的交谈；能够对一般性事件和物体进行简单的叙述或描述；经过准备后能够就所熟悉的话题作简短发言陈述自己观点；能够就学习或与未来工作相关的主题进行简单的讨论。语言表达结构比较清楚，语音、语调、语法等基本符合交际规范。能够运用基本的会话技巧。

3. 阅读理解能力：能够基本读懂题材熟悉、语言难度中等的英语报刊文章和其他英语材料；能够借助词典阅读英语教材和未来工作、生活中常见的应用文和简单的专业资料，掌握中心大意，理解主要事实和有关细节；能够根据阅读目的的不同和阅读材料的难易，适当调整阅读速度和方法。能够运用基本的阅读技巧。

4. 书面表达能力：能够用英语描述个人经历、观感、情感和所发生的事件等；能够写出常见的应用文；能够就一般性话题或提纲以短文的形式展开简短的讨论、解释、说明等，语言结构基本完整，中心思想明确，用词较为恰当，语意连贯。能够运用基本的写作技巧。

5. 翻译能力：能够借助词典对题材熟悉、结构清晰、语言难度较低的文章进行英汉互译，译文基本准确，无重大的理解和语言表达错误。能够适当有限地运用翻译技巧。

提高目标：

1. 听力理解能力：能够听懂一般日常英语谈话和公告；能基本听懂题材熟悉、篇幅较长、语速中等的英语广播、电视节目和其他音视频材料，掌握中心大意，抓住要点和相关细节；能够基本听懂用英语讲授的专业课程或与未来工作岗位、工作任务、产品等相关的口头介绍。能够较好地运用听力技巧。

2. 口头表达能力：能够用英语就一般性话题进行比较流利的会话；能够较好地表达个人意见、情感、观点等；能够陈述事实、理由和描述事件或物品等；能够就熟悉的观点、概念、理论等进行阐述、解释、比较、总结等。语言组织结构清晰，语音、语调基本正确。能够较好地运用口头表达与交流技巧。

3. 阅读理解能力：能够基本读懂公开发表的英语报刊上一般性题材的文章；能够阅读与所学专业相关的综述性文献，或与未来工作相关的说明书、操作手册等材料，理解中心大意、关键信息、文章的篇章结构和隐含意义等。能够较好地运用快速阅读技巧阅读篇幅较长、难度中等的材料。能够较好地运用常用的阅读策略。

4. 书面表达能力：能够用英语就一般性的主题表达个人观点；能够撰写所学专业论文的英文摘要和英语小论文；能够描述各种图表；能够用英语对未来所从事工作或岗位职能、业务、产品等进行简要的书面介绍，语言表达内容完整，观点明确，条理清楚，语句通顺。能够较好地运用常用的书面表达与交流技巧。

5. 翻译能力：能够摘译题材熟悉，以及与所学专业或未来所从事工作岗位相关，语言难度一般的文献资料；能够借助词典翻译体裁较为正式，题材熟悉的文章。理解正确，译文基本达意，语言表达清晰。能够运用较常用的翻译技巧。

发展目标：

1. 听力理解能力：能够听懂英语广播电视节目和主题广泛、题材较为熟悉、语速正常的谈话，掌握中心大意，抓住要点和主要信息；能够基本听懂用英语讲授的专业课程、英语讲座和与工作相关的演讲、会谈等。能够恰当地运用听力技巧。

2. 口头表达能力：能够用英语较为流利、准确地就通用领域或专业领域里一些常见话题进行对话或讨论；能够用简练的语言概括篇幅较长、有一定语言难度的文本或讲话；能够在国际会议和专业交流中宣读论文并参加讨论；能够参与商务谈判、产品宣传等活动。能够恰当地运用口语表达和交流技巧。

3. 阅读理解能力：能够读懂有一定难度的文章，理解主旨大意及细节；能够比较顺利地阅读公开发表的英语报刊上的文章，以及与所学专业相关的英语文献和资料，较好地理解其中的逻辑结构和隐含意义等；能够对不同阅读材料的内容进行综合分析，形成自己的理解和认识。能够恰当地运用阅读技巧。

4. 书面表达能力：能够以书面英语形式比较自如地表达个人的观点；能够就广泛的社会、文化主题写出有一定思想深度的说明文和议论文，就专业话题撰写简短报告或论文，思想表达清楚，内容丰富，文章结构清晰，逻辑性较强；能够对从不同来源获得的信息进行归纳，写出大纲总结或摘要，并重现其中的论述和理由；能够以适当的格式和文体撰写商务信函、简讯、备忘录等。能够恰当地运用写作技巧。

5. 翻译能力：能够翻译较为正式的议论性或不同话题的口头或书面材料，能够借助词典翻译有一定深度的介绍中外国情或文化的文字资料，译文内容准确，基本无错译、漏译，文字基本通顺达意，语言表达错误较少；能够借助词典翻译所学专业或所从事职业的文献资料，对原文理解准确，译文语言通顺，结构清晰，基本满足专业研究和业务工作的需要。能够恰当地运用翻译技巧。

《教学指南》的三级目标与三级要求的内容具体而全面，这是在综合考虑客观条件及我国实际需求的前提下制定出来的，各个高校可以参照教学指南来具体制定适合本校大学英语课程的教学大纲，建立个性化的课程体系，以及具有校本特色的评价方式等，使本校的大学英语教学既体现《教学指南》的精神，又适合学校自身的发展目标与实际教学条件，最终达到提高本校学生英语能力的目的。

1.1.2 大学生英语学习现状

《教学指南》中的教学目标与要求清晰明确，各个学校的大学英语改革也在如火如荼地进行，但是改革后的大学英语教学是否依据各个高校学生的英语水平实现了基础、提高或发展目标，学生的听、说、读、写、译能力是否达标了呢？我国大学生现在英语学习的实际情况如何？英语水平又怎样呢？答案并不乐观。以笔者所在的省属理工类高校为例，根据笔者多年的教学经历，笔者发现高校非英语专业学生在英语学习方面存在以下三个问题。

首先，从学习态度来看，高校学生的英语学习态度不够积极，英语学习动力严重不足。按照加德纳（Gardner）和兰博（Lamber）的动机理论，人们的学习动机主要分两种：融入型动机（integrative motivation）和工具型动机（instrumental motivation）。在英语学习研究中，融入型动机是指英语学习者内在的学习动力。例如，学生自身的求知欲，自身对英语的兴趣，为了与以英语为母语的人交流，或者为了生活在英语社会文化生活中所产生的语言学习动机，也可以说是内在动机。工具型动机指英语学习者对英语本身并无兴趣，学习英语只是作为达到其他目的的手段或者工具。例如，通过期末考试或四级考试、获得奖学金、找到一份好工作等，也可以叫作外在动机。工具型动机学习者往往具有非常具体的、明确的、个人的学习目的，为了达到自己的目标必须努力学习。目前在我国的应试教育体制下，大多数学生英语学习的动机都是工具型动机，学生从小学到高中，一路走来都是被“考试”这个“指挥棒”指挥着，高考是他们的“终极目标”。但是经历了高考的学生进入大学之后，往往失去了一直以来的考学动力与目标，他们绷紧的神经完全放松，这样忽然松懈下来，没有了下一步前进的方向，他们茫然不知未来应该走向哪里，应该向哪个方向努力。失去了学习英语的工具型动机，即使英语是陪伴他们十多年的学科，从学科内容来说并不陌生，但是由于缺乏内在动机驱动，没有学习兴趣，缺少学习主动性，继而引发学习懈怠情绪，出现上课不认真听讲，不记笔记，不复习等现象。除此之外，从中小学到大学阶段，我国的教育体系与教育传统一直都是由教师主导来安排课程的内容，学生几乎没有机会去干预课堂内容与活动方式，经过十多年的学习生活，学生已经适应并习惯了这种灌输模式的教学方式，而这种教学模式的后果就是学生缺少自我思考的能力，严重限制了学生学习的主动性，在很大程度上损害了学生学习的融入型动机或内在动机。

其次，大学生听说能力低下。一方面，这与十多年的应试教育不无关联，尽管有少部分学校在高中阶段开设英语听力课，但学时少，重形式，轻内容，无法发挥听力课的应有的实际作用。部分省份尽管在高考英语科目中有听力题目，但成绩不计入英语总成绩，这也造成了对英语听力教学的忽视。除了北、上、广、深等发达地区外，其他地区的英语听力教学在学生过去十几年的英语学习中尤其是中学阶段几乎为零。另一方面，在传统课堂教学中，教师占据主导地位，学生为被动接受者，很少参与到课堂教学中，缺少与教师产生互动的机会，很少开口说英语。面对大学的听说课，很多学生力不从心，无从下手，很不适应。于是很多学生在困难面前退缩，渐渐失去了对英语课堂的兴趣，甚至对英语产生厌学情绪。英语口语表达更一直是学生们的弱项，我国的英语教学一直因“哑巴英语”而为人诟病。阅读英文文章对一些学生已经是一个巨大的挑战，更不要说让他们用英语发表个人观点，很多同学甚至不具备英语单词的正确发音及简单的日常对话能力。笔者曾对大一新生做过调查，事实上，超过80%的学生有提高英语听说能力的意愿，学生们渴望将英语学以致用，渴望用英语来表达自己，渴望与别人交流，但由于英语发音不准确，语法词汇错误与害怕出错的心理让学生们顾虑过多，无法大胆地说出来。

最后，大学生语言输出能力差，除了刚才提到的口语输出能力差之外，具体还表现在书面写作与翻译能力低下。写作与翻译这两种语言输出形式既是语言表达形式也是语言创作形式，是语言综合运用能力的体现。学习者能在多大程度上成功地进行语言输出，就表明他在多大程度上掌握了这种语言，语言的输出能力在一定程度上显示了学生的语言综合运用能力的强弱。输出的越多，输出能力越强，越能说明学习者所达到的水平很高。我国的学生习惯了教师的“一言堂”与“满堂灌”的语言输入，缺少自己动脑思考的习惯，缺少练习语言输出的机会，语言输出成果并不乐观。笔者在教学中发现在写作和翻译练习中，有过十多年英语学习经历的大学生仍然会犯低级的语法错误，主谓不一致或时态不统一等错误比比皆是，除此之外，写作时学生总是感觉无话可说，内容空洞，句式重复。在结构方面，整篇文章缺乏连贯性，支离破碎。

为什么学习了十多年的英语，却依然会存在这些问题？大学英语教学改革自 2003 年至今，我们与时俱进，改进了教学方法，更新了教材，提高了教学要求与目标，使用了最新的多媒体，增加了学生自主学习内容，为什么学生们英语水平提高得不明显呢？笔者认为，这是因为所有的改革注重的都是英语水平提高的这个外因，而没有关注学生的内因，没有从学生吸收理解知识的角度去考虑，没有关注如何让外因更好地对内因起作用。我们一直主张“以学生为中心”，让学生参与到课堂活动中，在课堂教学过程中有更多的主动权，这只是“以学生为中心”的一部分体现，“以学生为中心”的实质应该是关注学生的学习内化过程，知识吸收的过程，以便研究如何更有效地让学生接受新知识，这才是真正意义上的“以学生为中心”。图式理论正好从心理学方面分析了学生的学习过程，为提高高校英语教学开辟了新的视角。

1.2　图式理论在我国的研究现状

研究者们一般认为，“图式”这一概念是由康德（Kant）在 1781 年提出来的。“图式”是康德批判哲学的关键性概念之一，在他的批判认识论乃至整个批判的体系中，都占有十分重要的地位。康德认为，对于任何一个概念来说，其本身并没有意义，只有当它与人们头脑中已知的事物联系到一起时，才产生意义，所有的概念并非孤立地储存于人们的记忆中，而是相互联系，构成了反映现实中相互联系的事物的认知结构图式（刘世文，1998）。在康德之后的皮亚杰（Piaget）、鲁姆哈特（Rumelhart）等心理学家都对图式进行了深入研究与扩展，使其更加完善。

简单来说，图式就是一种用来存储知识的结构。人们大脑中存储的知识被有机地联系在一起，并且构成了完整的体系，这就是图式。在理解新事物时，大脑会把新事物与相关的已知的概念或过去的经历联系起来，因此对新事物的理解和接纳取决于头脑中已经存在的图式（周遂，2005），输入的新的信息在与之前这些图式关联之后经过同化与顺应的过程，或者建构全新的图式，或者融入已有的图式中，扩展或充实原来的图式。

我们目前应用于英语教学研究中的图式概念一般都是来源于巴特利特（Bartlett）在其经典著作《记忆》（*Remembering：A Study in Experimental and Social Psychology*，1932）中所定义的图式：对过去的反应和经验的积极组织。巴特利特认为，图式可以作为一个统一的整体在任何与以往经验类似的活动中起作用，即反复地反应就会形成图式，而一旦形成图式，以后的反应就会受到这种图式的影响（陈开顺，1988）。

目前我国外语教学中涉及的三种图式是依据卡莱尔（Carrell）对图式进行的分类：语言图式（linguistic schema），内容图式（content schema）和形式图式（formal schema）。语言图式是指头脑中已经存在的语言知识，例如词汇拼写、语法结构、标点符号的使用等。语言图式是英语学习的基础，是正确识别单词句子和理解文章的基础。如果缺乏相关的正确的语言图式，学生就无法利用文章中提供的信息来调动相应的内容图式和形式图式，更无法形成语言输出，例如写作与翻译。内容图式是指与话题相关的内容或者已有的经验和背景知识，可以说是有关世界的百科知识。例如在英语写作中，对一个指定话题是否有话可说，首先取决于头脑中是否已经存储了与该话题相关的内容图式。形式图式是文章体裁和篇章结构等方面的知识，也可以理解为语篇知识，比如修辞手法、体裁结构、语体差异等。除此之外，如何使文章结构更加连贯、更加流畅、更有逻辑性，都需要运用到形式图式。

图式理论的发展与演变经历了 200 多年的历史过程，在中国，图式理论的研究起步相对较晚，在 20 世纪 80 年代末，国内才开始这方面的研究，但 1997 年之后国内对图式以及图式对教学影响的研究才变得活跃起来。

1.2.1　国内图式理论研究的发展阶段

总体来说，我国对图式理论的研究大体可以分为以下三个阶段。

第一阶段（1980—1990 年）：理论介绍阶段。这一时期的论文发表数量并不多，内容主要多为对图式理论的介绍和解读，以及对图式意义的论述，主要涉及的是哲学领域的图式概念。比较有代表性的研究有：官鸣（1984）、温纯如（1999）等对康德的图式学说进行的介绍和述评，张国福（1986）、石向实（1994）等对皮亚杰图式理论的介绍和评述，以及袁晖（1987）、杜雄柏（1995）等对康德和皮亚杰图式论的对比研究。

第二阶段（1991—2000 年）：理论介绍与实际应用并存的阶段。在这个阶段，图式理论依然在持续地被引进和介绍，更多的人开始认识与了解图式理论。与此同时，人们已经意识到图式理论对教学可以起到指导作用，开始尝试把图式理论应用到英语阅读等领域，这个阶段涉及的学科领域已经从哲学扩展到了心理学、认知科学和外语教学领域（康立新，2011）。但是国内关于图式在心理学领域的研究并不多见，在认知科学领域的研究较多，在此基础上，将图式与外语教学关联的研究逐渐多了起来。研究论文的数量有了很大增长，硕士研究论文也多了起来，但这一时期的研究方法主要是思辨性质，没有很少涉及实证研究。

第三阶段（2001 年至今）：理论实际应用阶段。自 2001 年开始，研究图式理论及其应用的文章数量急剧增加，中国知网的统计显示，仅 2001 年一年的论文数量就增长至 44 篇，是 2000 年的 1.76 倍，自此之后每年的论文数量均有增长，充分显示出国内对于该理论的研究进入了活跃时期。这一时期的研究主要是将图式应用于外语教学的各个方面，图式理论在外语教学领域的应用从最初的阅读理解，逐渐扩展到听力、翻译、写作、语用学、词汇习得、文学理论和语料库语言学等领域，除此之外，图式理论还应用于其他学科教学中，例如数学、物理等，其研究方法也更加严谨。

1.2.2 国内图式理论研究现状

众所周知，图式理论起源于哲学领域，我国关于哲学领域的图式研究主要集中在 1980—2000 年，研究内容主要为康德的图式说和皮亚杰的图式理论，主要是对“图式”和“图式理论”的介绍、解读与评论。例如，温纯如（1997）等学者介绍和述评了康德的图式学说，指出该学说的重要价值和意义。石向实（1994）介绍了皮亚杰的图式理论，并指出其理论的贡献与不足。另外，还有许多研究学者对比分析了康德和皮亚杰图式理论的异同，例如：袁晖（1987）发表的《试论皮亚杰与康德的图式观念》、杜雄柏（1995）发表的《“图式”学说：康德与皮亚杰之比较研究》。不过自从进入21世纪以来，随着图式理论越来越多地被应用于文化语言学、认知人类学和认知语言学等不同的学科领域，我国最早涉及图式研究的哲学领域却基本无人问津，这不能不说是一种遗憾。

在心理学方面，纵观目前国内众多关于“图式”的研究，其概念都源于心理学家巴特利特（Bartlett）对于“图式”的定义，但是国内在心理学方面的图式研究数量很少，而有关记忆的研究则更是凤毛麟角。不过心理学相关的研究方法都比较严谨，大多采用问卷调查等定量法或实验法对某些方面的问题进行探讨或检验（康立新，2011）。例如唐雪峰（2004）等提出概念图式的心理表征是解决问题的最佳表征形式，吴念阳（2007）等通过实证法证实了时间表征具有空间方向性，并为“抽象思维以感知—动觉经验为基础”这一论点提供了心理学证据。

在认知科学方面，国内研究者自20世纪90年代开始涉猎研究，主要将图式理论用于解释与认知存在紧密联系的语言习得过程，例如听力、阅读及翻译的认知策略与认知途径、认知模式与认知表征等，其中以对阅读理解过程的研究数量居多。例如，李力（1994）分析了三种图式类型对阅读的影响以及图式在阅读过程中的激活过程，李平（1997）研究阅读过程中读者认知结构图式的确立和完善的过程。

进入21世纪，图式理论被大量地用于国内外语教学研究，涉及阅读、听力、翻译、写作等方面，尤其是阅读方面。外语阅读教学是图式理论首先被应用于外语教学的方向，这也标志着阅读理论发展的新阶段（张法科，王顺玲，2010）。它不仅促进了读者对语篇的理解，而且也提高了学习者阅读理解的效率。当然我们也知道阅读理解是一个复杂的认知过程，任何单一的理论都是无法解决所有阅读中的各种问题的。而且目前国内的研究主要涉及的是静态的语篇理解。对动态的话语理解研究，如对电影对白、小品相声等的研究几乎为零。在听力方面，目前主要研究图式理论在英语听力教学中的应用，对英语听力理解的影响，以及对听力策略的影响。例如周相利（2002）将图式理论应用于外语听力教学中，指出通过丰富学生的认知图式能够提高其英语听力理解能力；陆国君（2007）等通过实验对比的方法，检验了结构图式对听力理解所产生的正面影响；李文英（2005）通过运用图式理论对历年大学英语四、六级听力材料进行分析，提出学生英语水平不同采用的听力策略会有差异。在写作方面，主要研究如何激发学生头脑中已有的语言图式、内容图式与形式图式，调动图式来写出完整的英文文章。例如，李明远（1998）研究图式与外语写作的关系及其在写作过程中的作用，从而提出如何提高英文写作质量和写作能力。在翻译方面，将图式理论应用于翻译研究在近几年刚刚兴起，主要研究内容图式、语言图式和形式图式在翻译实践中的运用与作用。杨培根（2005）指出图式理论在翻译研究中有广泛的应用前景和价值，并探讨了三种图式在科技翻译中的忠实与变通问题。尽管图式理论应用于翻译方面的研究时间不长，但是成果质量都很高，相关论文大多发表在《中国翻译》《中国科技翻译》等国内学术核心期刊上。

除此之外，近年来有研究者将图式理论与语料库语言学结合起来，例如徐曼菲（2004）等在《图式理论、语料库语言学与外语教学》这篇文章中提出语料库资源和工具在教学应用中可以为学习者的外语知识的图式性建构和重构提供基础，有利于学习者更好地掌握外语；许展（2014）提出了基于COCA语料库在写作中构建内容、形式和语言图式的数据驱动学习模式；另外还有很多研究者研究了基于COCA语料库的词汇教学、翻译教学等研究。将图式理论与语料库研究结合具有重要的意义，将促使外语教学理念的改革和学习模式的改变，也使语料库研究转向图式方面的研究，扩展了语料库的研究领域。

图式理论给我们的外语教学带来了新思路和新方法，目前，图式理论在外语教学中的应用研究在我国各级院校都有所涉及。因为图式理论让教师转变了教学思路，更多地关注学生对知识的内化过程，教师如果能够有效地帮助学生激活与建构头脑中的语言图式、内容图式与形式图式，将有助于学生有效吸收新的语言知识，提高学生的语言能力。

在本书中，笔者主要研究如何用图式理论指导高校大学英语阅读、写作、听力、口语等方面的教学，如何全面提高非英语专业学生的英语综合应用水平，其中不乏笔者在本校学生中进行的一些实证研究。本研究是国内首个全面地将图式理论应用于英语教学各个方面的研究，对于高校大学英语教学改革具有一定的借鉴意义。但是，由于实验进行的时间比较短，样本数量比较少，且本校学生英语水平不能代表所有高校非英语专业学生的英语实际能力与水平，因此不能将结果代入所有高校。仅希望本研究能起到抛砖引玉的作用，为大学英语教学改革奉献自己的微薄之力。

2. 图式理论

“图式”（schema，复数为 schemata）这一概念起源于哲学，是认知心理学研究的一个重要方面，如今在教育心理学中已经相当普及，美国的著名认知心理学家鲁姆哈特（Rumelhart）认为，图式概念是认知科学的重要概念之一。

什么是图式呢？这要从“图式”这个词的起源说起。“图式”一词起源于古希腊文，意为“外观、形象”，后来引申转译为“对最一般的本质特征的描绘，或略图、轮廓、抽象形象”。关于图式的本质意义，可以从它的哲学起源说起。“图式”这一概念最早起源于柏拉图的“理念论”。所谓“理念”，强调的是人的内心看到的东西，一类事物有一个理念，换句话说理念就是指概念，是对事物的一般抽象与概括，可见柏拉图是从客观唯心主义的角度来阐述人类的认识活动，他主张将理念与个别事物相分离，理念是原型，事物是摹本，客观事物来源于所谓的理念世界，人们是通过理念来认识世界的。这就是图式最古老的哲学起源。

随着时代发展与相关研究的深入，不同的研究学者对于图式都有自己的理解与总结。魏德森（Widdowson，1983）将图式定义为储存在人脑的长期记忆中，并负责管理信息的认知框架。在信息处理过程中，相关的图式被激活后，图式就会为人们提供解释信息的背景知识，使人们超越给定的信息然后做出预测和推理。德文（Devine，1987）认为，图式理论是关于知识的理论，一切知识都是以知识单元的复数的形式构成的，这种知识单元就称为图式。库克（Cook，1992）将图式定义为语篇过程所必需的思想表达。也就是说，图式是人脑中存在的整体以及有关某一领域的专门知识，它是由许多相似的事件或相似的信息构成的，一旦某种图式形成，交际信息的处理便倾向于通过该图式进行。张怀建、黄建滨（1995）认为，可以把图式比作一个庞大的档案系统，个人的知识就分门别类地储存在大脑中。大脑接收一个新的信息后，便会把新的信息储存到现存已有的图式之中或者设立一个新的文件夹来存放新知识。

不同的学者虽对图式的理解各有不同，但归纳起来，却有几点共通之处。首先，图式是围绕某个主题而组织起来的，因此具有结构性；其次，图式是一种作为个体已经知道的内容而存储于记忆中的知识，因此具有知识性。

2.1　图式理论的发展

2.1.1　康德的图式概念

提起“图式”，不得不提的一位研究学者就是康德。最早正式提出“图式”这一概念的是德国著名哲学家康德。1781年，康德在他的著作《纯粹理性批判》一书的“原理分析”中提出“图式”这一概念，这也是康德批判哲学的关键性概念之一，“图式说”是其先验认识论的重要组成部分，是联系其感性直观（对象）和知性（纯粹化概念或范畴）的中介和桥梁。

“图式”是康德为了解决“先天综合判断如何可能”这个批判哲学的根本问题而提出来的。与经验论和唯理论不同，康德对认识的看法是，知识虽然离不开人类的感性经验，但是也不能简单归结为感性经验，知识是先验知性作用于感性材料的结果。为了形成知识，在先验知性与感性材料之间必须有一个中介将二者联结起来，而这个中介就是先验图式。由此可见，图式可以看作康德调和经验论和唯理论的产物，是批判哲学认识论的关键之一。

康德把认识的问题归结为通过图式的中介使范畴通向感性而获得客观现实性的问题，这在认识论中具有深远的意义（官鸣，1984）。不可否认，“图式”这一概念的提出在认识论的历史上是一个很大的进步。康德提出的图式，一方面是感性的，另一方面又是知性的，通过图式就能使范畴运用于现象而具有现实性。

康德提出的“图式”概念本质是什么呢？在《纯粹理性批判》

这本书中，康德给出了答案：图式的本质，就是一种认识的形式结构。

首先，图式并不是具体的感性形象或意向。康德曾经举过一个例子来说明这一点，如果我们眼前有五个并列的黑点：……这就是“五”的图画，它能够直接作用于我们的视觉，在头脑中形成清晰的图形，这就是图像而不是图式；而“五”的图式并不是具体的图画，也不是写在纸上的“五”，只是我们头脑中关于“五”这个数目的思维而已。如果用更大一些的数字举例，例如，“一千”“一万”，这样就更为明显，它们都是图式，并没有基本图像可言。康德认为：“用来替概念提供一个意象的想象之普遍过程的意识，也就是我称为概念的图式。”（官鸣，1984）由此可见，图式实际上就是对具体感性形象或事物的概括和抽象，是一种一般的、抽象的、统一的感性。

其次，在康德看来，一方面，图式与经验有关；另一方面，图式又与范畴有关。它不是事物的具体形象，也不是经验的概念，而是一种概念性的感性结构方式、结构原则，对感性直观的综合提供规则。例如：猫的图式不是哪一只猫或哪一个品种的猫的具体形象，而是一条适用于所有猫的规则，这个规则可以指导人们的思想描画出这种身体覆盖着毛、长着几撇胡须和圆溜溜眼睛的四足猫群动物的形状。可见图式就是对感性材料进行综合处理的一种统一的规则。

综上所述，在康德看来，图式的本质在于根据知性范畴所提供的认识形式，去综合、整理和构架纷繁复杂的经验表象，从而把感性经验从属于知性范畴之下，形成知识。图式是一种概念性的感性结构方式、结构功能或结构原则，是主动构造知识的某种规则。简而言之，图式就是关于认识的形式结构。

尽管研究者们认为康德的图式理论或多或少存在一定的缺陷，但是不可否认的是，康德的“图式说”在认识论的发展历史中具有里程碑的意义。康德把认识的问题归结为通过“图式”这种中介来使范畴通向感性而获得客观现实性的问题，这是对认识论的重大贡献，他提出的认识图式问题具有承上启下的意义，对后来的哲学家及心理学家的研究产生了巨大的指引作用。例如，瑞士著名心理学家皮亚杰（Piaget）就是在康德的图式概念基础上创造了发生认识论。

2.1.2 皮亚杰的图式理论

“图式”无论在康德的先验认识论中，还是在皮亚杰的发生认识论中都占据极其重要的地位，甚至可以说，“图式”是这两位大思想家学说思想的出发点和基石（杜雄柏，1995）。皮亚杰以其著名的发生认识论为世人所知，在创立自己理论的过程中，皮亚杰自己曾多次表明是受到了康德的影响，自称是沿着康德的足迹走下去的。正如他自己所说：“我把康德范畴的全部问题加以审查，从而形成了一门新学科，就是发生认识论。”皮亚杰沿用了康德“图式”这一概念，并在自己的发生认识论中把它改造为认识结构的起点和核心，用图式的建构来说明心理结构的发展，可见康德对其影响之深。但皮亚杰的“图式”理论没有止步于康德的“图式说”，而是有了很大的发展与进步。

皮亚杰是瑞士著名的哲学家和心理学家，“发生认识论”的开创者，被誉为心理学史上除了弗洛伊德以外的另一位“巨人”，他提出的发生认识论不仅是日内瓦学派的理论基础，而且也是欧洲机能主义的重大发展。它开辟了心理学研究的一个新途径，对当代西方心理学的发展和教育改革具有重要影响。他博学多才，在心理、生物、逻辑、哲学、数学等方面都有所研究和建树。20世纪60年代初，他创立了著名的“发生认识论”，“图式”学说是这一理论的核心部分，可以说“发生认识论”实质上就是他的“图式”理论。这一理论凝聚了皮亚杰大量的心血，是他毕生辛勤探索的结晶。

皮亚杰认为，图式是一种可重复、有组织的思维模式，又可以叫作“认知结构”“再现表象”“内部模式”等。他曾经在《儿童心理学》这本书中给“图式”下了一个定义：图式是指动作的结构或组织，这些动作在同样或类似的环境中由于重复而引起迁移或概括（皮亚杰，1980）。为了帮助理解，皮亚杰进一步解释说：在一个活动中，我们把其中的那个能被从一个情景传递到另一个情景，因而能加以普遍化和分化的东西称作“动作图式”。换句话说，图式就是同一活动在多次重复和运用中的那个具有共性的东西，是人们对某类活动的相对稳定的认知结构。例如，我们把幼儿搭积木的行为或稍大的儿童收集物品进行分类的行为叫作“聚集图式”。我们可以发现很多类似这样的图式形式，甚至把两类事物联系起来的逻辑运算也是一种图式（父亲 + 母亲 = 父母，等）（石向实，1994）。对个体而言，一个人的习惯、思维定式、思考和处理问题的方式，以及世界观、价值观等都可以看作一种认知结构，也就是图式。对群体而言，不同民族或国家在价值观上的差异，不同阶级在世界观上的差异，不同时代的人们在观念上的差异等也表现出认知结构即图式的不同。

皮亚杰认为，图式并不是一朝形成就一成不变的，它有发生和发展的过程，会在主、客体相互作用的过程之中不断发展变化。根据发展水平的不同，皮亚杰将图式分为初始图式、初级图式和高级图式。初始图式是指人类遗传性的图式或反射图式，例如婴儿的吃奶行为，这种与生俱来的行为是一种出于生理需要的本能。初级图式是指感知－运动图式、动作图式、习惯等，是婴幼儿通过感官感知世界后形成的经验类的图式。高级图式是指运算图式、智力图式、思维结构等。图式在主、客体的相互作用中产生并不断发展，从最简单的遗传而来的初始图式开始，随着个体的发育成长，主体在适应环境的过程中，活动范围不断扩大，不断接触新刺激，个体逐渐丰富和完善着自己的认知结构，图式通过不断的分化和泛化，由简单到复杂，新的图式不断形成，随着图式的不断增多和复杂化，图式的发展水平不断提高，多种图式开始能够协同活动，人的心理水平随之由低级向高级发展，这就是图式从低级向高级发展的过程。

由此引出了皮亚杰图式说的另一个重要概念——建构。建构是指同一结构不断地改变、更新的历时性发展，从低级到高级，从简单到复杂，从零散到整体。建构是双重方向的，根据内向发展和外向发展，分为内化建构和外化建构两种。内化建构是指主题早先进行的实际动作经协调组织在头脑中的结晶、积淀，形成主体新的图式；外化建构是指运用已经内化形成的主体图式去认识、组织新的客体。

图式的建构过程，是在同化和顺应中完成的。“同化”（assimilation）是指把客体经验或客体本身的因素加以选择、整合、变换，纳入主体现有图式或行为模式之中合成为一个新的整体。“顺应”（accomodation）是指当原有图式不能再同化新的刺激时，主体修改或创造新的图式。同化和顺应就是图式的双重建构。同化是主体运用图式去组织转变客体经验或客体本身的外化建构，仅仅增加现有图式数量上的变化，促进认识的生长；顺应则是新的图式不断产生的内化建构，顺应进程能够促进认识的发展，使图式产生质量上的变化。简单来说，主体对客体的主动作用是同化，主体对客体的被动作用就是顺应。

同化和顺应尽管是两个对立的过程，各有各的作用，但是却相伴而生，相互渗透，密切相关。图式发生同化时，会有变动和调整，但是这些变化都是局部的量变，不会影响图式质的变化。图式发生顺应时，也会有部分同化作用。同化和顺应之间并没有清晰的界限，主要是看哪种起主要作用。如果只有同化而没有顺应，那么个体的图式就谈不上发展；如果只有顺应而没有同化，那么新的图式本身也得不到扩展。一切认识都离不开认知图式的同化与顺应，认知既是图式顺应于外物，又是外物同化于图式这两个对立统一过程的产物。

主体通过同化和顺应达到平衡（equilibration）。平衡是一种状态，同时也是一种过程。在皮亚杰看来，同化时，平衡是一种状态；顺应时，平衡是一种过程。当处于平衡状态时，主体主要是用现有的图式去同化新刺激，图式只是发生一种共时性的转换，以便维持当前的平衡状态。而当现存的图式不能成功地同化新刺激，需要修改或创造一个全新的图式，即发生顺应时，不平衡就发生了，这使主体必须去寻求新的平衡，这就是图式的一个历时性的改变，即平衡过程。平衡只能是暂时的，不平衡才是绝对的。就是在这种平衡—不平衡—新的平衡的无限循环往复的过程中，主体的图式越来越丰富，越来越高级，人的认识得到了提高、深化，人的思维获得了成熟（张国福，1986）。

皮亚杰的图式理论已经相当完善，尽管“图式”这个概念皮亚杰是从康德理论延续而来，但是皮亚杰的“图式论”和康德的图式论有本质的区别。第一，皮亚杰不主张“天赋论”，他认为图式不是先验地存在的，而是个体在成长过程中通过主、客体的相互作用建构而来。第二，皮亚杰的“图式论”强调图式并非一成不变，而是不断地发展和变化的，而并非一成不变，图式有相对稳定的一面，也有其发展的一面，而康德则认为图式是生来不变的。第三，皮亚杰认为图式作为人的认识结构会不断发展，而且图式的发展在形式上和数量上是没有限制的。而康德的认识结构仅有时间、空间两个直观图式和十二个知性范畴。由此可见，不能仅仅因为皮亚杰的图式理论与康德的认识结构学说在表面上有点类似而混为一谈。

总体来说，皮亚杰的图式论有两个主要特点：一是图式的层次结构特性。皮亚杰把图式分为三个层次，图式的层次性体现了图式的结构性，在有结构的层次中，从初始图式发展到高级图式，这种从低级层次到高级层次的发展反映了人的认识由简单到复杂、由低级到高级的过程。二是图式发展的整体性。皮亚杰不仅细致地考察了图式变化的内在微观机制，认为图式变化是主、客体之间的同化和顺应运动的结果，而且注意到图式由于不断地同化与顺应的作用达到新的平衡，是一个动态的整体。这种整体不是各个图式的简单叠加，而是层次与层次之间、整体与层次之间、整体与环境之间存在着相互联系和相互作用，是图式由低级到高级的建构过程（陈贻新，1998）。由此可见，皮亚杰指出了图式在认识的形成和发展中的重要作用。皮亚杰指出，人的认识的发展，不仅表现在知识的增加，而且还表现在认识结构的完善和发展，图式的发展水平是人的认识发展水平的重要标志。图式既是认识发展的产物，又是认识发展的基础和条件，没有图式，人就无法反应刺激、认识事物、把握客体。皮亚杰还认为，对图式和认识结构的研究应该成为认识论研究的主要方向。皮亚杰的这些看法是很深刻和有意义的，他的图式理论对后来的研究具有深远的影响。

2.1.3 巴特利特的图式研究

提及图式理论，不得不提的一个人就是英国的心理学家巴特利特（Bartlett）。巴特利特在英国心理学界享有盛名。1932 年，他被推选为皇家学会会员，1948 年被授予“勋爵”，他是英国实验心理学家的第一人。研究者们普遍认为，巴特利特是第一个使用心理学意义上的“图式”（schema）的学者，也是第一个研究文本图式的学者。他在 1932 年发表的著作《回忆》（*Remembering: A Study in Experimental and Social Psychology*）中写道：“图式”（schema）是对先前反应或经验的一个积极组织。他把图式定义为围绕某一主体组织起来的知识表征和记忆贮存方式（潘虹，2008），是各种过去反应、过去经历的动态组合体，它在任何生物反应中都起着作用（Bartlett，1932）。他提出“图式”这一术语是为了强调回忆并不是对已有固定记忆的被动检索，而是一个建筑的过程。比起一字一句地重复和复制，回忆更像一种技巧性的游戏，每一次发生都会产生出新的特点。他认为“图式”是过去反应或过去经验的主动组织作用，可使个别成分一个接着一个按系列组成一个统一的整体。

作为经验主义的心理学家，巴特利特做了很多的实验来观察、证明自己的观点。其中最著名的实验，是他从《北美印第安民间故事》中选取了一个名叫《鬼魂的战争》（*The War of the Ghosts*）的故事让受试者来复述。受试者在阅读完这个故事之后，被要求在经过了不同的时间后回忆故事的内容，实验时间持续一年多时间。巴特利特发现，受试者回忆出来的故事大都经过了重新组织，有的受试者的故事内容被简化了，有的受试者的表达方式概括化了，有的受试者用自己熟悉的词代替了原文中不熟悉的词，总体来说，受试者的回忆与原文有很大出入。巴特利特在其著作中提到，虽然回忆的时间间隔不同，但上述现象始终存在，而且相隔时间越长，这种现象越明显，受试者的回忆很大程度上受到个人的文化背景以及个人经历的影响，人们没有按照字义来记住故事的事实，而是把事实同化于他们头脑中已经存在的带有本土文化特征的图式中。这个实验说明，在回忆中个体并不是在简单地复制材料，而是根据已有的经验对材料进行重构。“图式”这个概念是他在说明实验结果时提出来的。在他看来，每一个新的经验总是通过这个预先存在的模式而被吸收。

尽管巴特利特在文章中大量用到了“积极组织”“总体印象”这样的词汇，但他并没有总结出一个清晰的理论框架来说明“图式”在回忆的过程中到底是如何起作用的。他关于“图式”的概念后来导致了很多争议，格式塔心理学的代表人物——伍尔夫（Wulf）就曾在《格式塔心理学原理》一书中对巴特利特的理论与格式塔理论过于相似而提出过质疑。伍尔夫曾经做过一个实验，研究者向受试者展示了一幅图画，见图 2 -1，并要求他们分别在刚看完、看完 24

小时后和看完一周后这三个时间点回忆自己所看到的内容。结果表明：四位受试者认为他们看到的是“桥”，其余受试者均认为自己看到的是“拱门”，距最初看到那幅图的时间越长，受试者们越坚信自己的想法。伍尔夫对此做出的解释是：视觉信息和图式都会影响受试者的回忆，随着时间的流逝，受试者当初看到的细节会被遗忘，但脑中已有的图式却逐步占据主导地位，后一次回忆出的图形将直接成为进入受试者脑内的图式。由此可见，图式在人类回忆的过程中的确具有重要的意义。

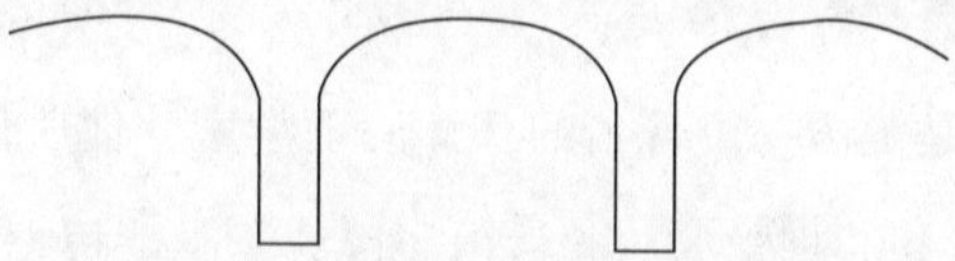

图 2 –1
(Wulf, 1938)
(转引自 Patricia L. Carrell 等主编的 *Interactive Approaches to Second Language Reading*)

尽管人们承认巴特利特是第一个使用“图式”的心理学家，但是图式理论的历史起源却可以追溯到格式塔心理学。格式塔心理学(gestalt psychology)，又叫完形心理学，“格式塔”是德文“Gestalt”一词的音译，意思为“形式”“形状”，在心理学中用这个词表示的是任何一种被分离的整体。格式塔心理学是西方现代心理学的主要学派之一，它诞生于德国，后来在美国得到进一步发展。受到康德图式理论的影响，格式塔排斥经验的作用，强调所谓完形的作用。这里所谓的完形是指人的心理的一种整体组织结构，这种心理组织结构就是一种图式。格式塔理论强调整体观和知觉经验的组织作用，关注知觉和认识的过程。认为在事物的根本性质中，有某种“完形”的存在。所谓完形，是指对象本身所具有的整体性，是人脑通过活动而逐步形成的整体性的完形，即发现某种组织结构的新形式的过程。格式塔心理学中的基本思想就是后来现代认知结构理论的雏形。

2.1.4 鲁姆哈特的图式理论

20 世纪二三十年代，巴特利特的图式理论并没有引起人们的广泛关注，直到 20 世纪 70 年代，人工智能研究兴起，图式理论对认知心理学产生了重要的影响，才开始引起研究学者们的关注与接受，这个过程离不开美国认知学家、心理学家鲁姆哈特（Rumelhart）对图式理论的完善与发展。

鲁姆哈特是美国一位著名的认知心理学家，他所做的工作对 20 世纪 70 年代认知心理学的兴起做出了巨大贡献。根据他的观点，图式代表了一种相互作用的知识结构，这种结构是一种能够涵盖词汇意义、复杂事件、意识形态等不同层面的知识网络；换句话说，是人们通过各种方式所积累的各种知识与经验的集合。图式有序地储存在人类大脑的长期记忆中，构成一个庞大的网络。这个网络是信息处理得以成功的基本因素，确切地说，它对信息处理体系起着指导性的作用（Rumelhart，1980），每一个图式是图式网络中的一个结点，在信息处理的过程中，这些结点对新进入大脑的信息起着组织和匹配的作用。每一个图式自身都包含几个变量，这些变量通过各种不同的外在环境因素来实现，例如："购物"这个图式会包含店员、顾客、商品付费等变量，这些变量储存在人们的大脑当中，在一定的情景中会被相互激活，而这些头脑中已经存在的概念为理解新的相关事物——网络购物提供了可能。这说明图式实际上是一种认知模式，人们对新事物的解释与理解依赖于头脑中已经存在的图式，输入的新信息必须与这些图式匹配起来才能产生意义："只要某一情景被理解为是图式所代表的概念，图式就可以对这种情况做出'解释'。因此，在图式体系中，信息处理就是要找到可以对所有新输入的信息做出解释的图式。如果找到了一套足以解释新信息的图式，也就可以说是'理解'了新的情景。"（Rumelhart & Ortony, 1977）可以说，图式是人类认知的基石，对新信息的接受和理解需要激活大脑中的已有图式，并依照相关图式来解释和吸收外部信息。因此，面对新的信息，如果没有相应的图式能够被激活，那么就无法产生认知，新的事物也就无法被理解。但是图式并不是一成不变的，图式是一种建立在记忆网络基础上的暂时性的系统化实体，是对过去经历的概括，它是一个开放性的体系，图式结构是一种动态、灵活、富有弹性的结构，它不断地发生着变化，不断地在对已有的认知经历进行适应性的调整和反应，或被强化，或被休整，或被重构（潘虹，2008）。

鲁姆哈特等研究学者在 1977 年提出图式具有以下四个基本特征。第一，图式具有变量；是指图式中许多属性的值是可以改变的，比如，"房子"这个图式的建材可能是木头、砖块、茅草等。图式拥有贮存这些变化的量，因此允许有这些可变性。第二，图式可以嵌套；是指一个图式可以包含在另一个图式中，例如"房子"这个图式本身含有"大门""窗户""房间"等附属部分的图式，同时"房子"这个图式又嵌入在"建筑物"这个图式中。第三，图式表征的是抽象水平上的知识；例如"房子"这个图式在头脑中不是以具体哪一个房子存在，而是以房子的共同特征这种抽象的知识存在，因此每次看到有墙壁、屋顶、大门、窗户等符合房子这个抽象知识的建筑物，我们就能辨认出来。第四，图式所表征的是知识而不是定义；图式是围绕某一个主题组织起来的知识的表征和贮存方式。知识并不是杂乱无章地贮存在人的大脑中，而是围绕某一主题相互联系起来形成一定的知识单元。比如，我们见到某种动物的图片，就能很快想起它的名称、性情、生活习性等与该动物有关的知识。这说明该动物的外观特征是与它的名称、性情、生活习性等有关知识联系在一起贮存在人的大脑中的。

1980 年，鲁姆哈特在以往研究的基础上又为图式补充了两个特征，即第五，图式的活动是一种主动的活动，图式的变化是能动的过程；第六，图式是一种认知的手段，它的目的在于评价所加工材料的匹配程度。

按照鲁姆哈特的图式观点，学习的过程就是一个认知过程，既是对情景的反应，又是对记忆网络中一些相同、相似单元的激活，并使实际激活模式与新的信息之间产生匹配和理解。由此可见，学习的过程就是认知结构不断变化和重组的过程，而并不是知识量的简单增加，事实上，学习是获得一种不同的认知方式或认知结构去解释世界各种现象的过程，是为各种现象寻求一种更加深入的理解和联系的过程。

鲁姆哈特和诺曼（Norman）根据以往对图式的研究，提出三种主要的学习模式。

第一，增生（accretion）。增生是最常见的学习模式，是指在原有图式的框架内积累外来的新信息。头脑中已有的图式完全可以用来处理新的信息，因此原来的图式并不需要改变。例如：打电话的图式是已经存在于头脑中的，亲友换了新的手机号码，并不会改变头脑中已有的图式，只是在原有的打电话图式内增加了新的电话号码这个信息而已。

第二，调适（tuning）。调适是指为了接受新的信息，已有的图式进行了调整，使原有的认知图式得到了增补、休整和改组，但相关的整体图式并没有发生本质的变化。例如：购物的图式在头脑中已经存在，随着网络的发展，网上购物繁荣起来，网购的图式逐渐融入头脑已有的购物图式中。

第三，重建（reconstruction）。重建是指当头脑中原有的图式不足以解释新的信息，当人们无法套用原有知识来理解新的知识时，就需要创造新的图式。在原有的图式基础上建立一个全新的图式时，以前的图式就成了一种范例，成为认知新事物的基础和思考的框架。已有图式常常是我们赖以观察、思考以及理解新事物的工具。例如：在跨文化交际中，中国留学生在国外会以我国传统文化中的师生关系为图式认知基础，去理解全新的国外的师生关系，通过对比，头脑中会创建出完全不同于以前的认知图式。

根据这三种学习模式，我们可以总结出，学习过程就是一个认知发展的过程，学习者的认知发展就是在学习者对已有图式进行增生、调适、重建的过程中产生的。如果打个比方，图式就类似于计算机程序，增生、调适和重建就是对程序的更新与升级。鲁姆哈特的理论为教学过程中学生的主体性提供了科学依据，也为教学设计提供了基本原理和实用的操作方法（潘虹，2008）。

在不同历史时期以及不同的科学研究条件下，各个阶段的图式理论都带有各自的时代特点。如果把康德的“图式说”看作图式理论的早期形态，皮亚杰的图式理论为近代形态，那么鲁姆哈特的图式理论就是现代形态。纵观不同研究学者对图式的理解与界定，我们不难发现他们眼中的图式都具有以下特点。第一，一般性，是指图式是从个别现象中提取出来的共性的东西，并且具有普遍的指导意义。例如在写作中，应用文的基本格式，记叙文的“六要素”等；第二，知识性，是指图式是一种关于人的知识如何被表征，以及这种表征方式如何有利于知识应用的理论。图式所表征的知识可以小到一个词的意义，大到涵盖该词所体现的社会现象、文化背景等；第三，结构性，是指图式中的各个知识点之间按一定的联系组成了一种层次网络。而且，这种网络可以以嵌套形式存在，一个图式可以被包含在另一个图式中；第四，综合性，是指图式所表征的所有知识都被分门别类地储存在不同的单元中。

2.2 图式的功能

图式作为人脑中储存知识的结构，其主要功能当然是用来说明人对客观事物的理解过程，帮助人们形成认知过程中的期待，其基本功能主要有以下几点。

2.2.1 构建功能

美国认知心理学家古德曼（Goodman）认为，学习是构建内在心理表征的过程。学习者并不是把知识从外界直接原封不动地搬到头脑中，而是以已有的知识经验为基础，通过与外界的相互作用来构建新的理解。由此可见，学生习得新知识的过程，事实上就是在头脑中已有图式的基础上，通过外界知识与原有图式的相互作用来堆砌、调适和重建原有图式，从而重新构建一种新的理解、新的图式。外部的新知识就是这样被大脑接纳理解，从而不停地建构着人脑中的信息库和认知结构。

2.2.2 搜索功能

图式是简约化、抽象化的知识结构，人们能够利用头脑中已有的图式形成目标指向性，或做出预测，从而积极主动地检索收集更多的有用资料。例如当人们在阅读时，会形成各种“思维组块”，汇成有效的认知结构。当人们面临问题时，就会在已有的认知结构中搜索与解决问题有关的思维组块，借以分析、比较、综合，达成知识的沟通和应用，最终解决问题。

2.2.3 剪辑功能

图式的剪辑简单来说由两个部分组成：筛选和重组。

筛选是指图式对输入的新信息要进行选择、删减和过滤。这是外界信息作用于头脑后的第一个步骤。对同一个信息，不同的人可能会进行不同的筛选和过滤，从而造成同一件事不同的人有不同的理解。这是因为每个人头脑中已有的认知图式存在差异。人们在学习的过程中接受的知识结构可能不同，因而形成了每个人独一无二的认知图式，而这种认知图式的差异反过来又继续影响接下来对新知识、新信息的理解。新信息是否被图式选择还取决于这部分信息是否与头脑中已存在的某一变量相一致，如果一致，这些信息就会填充到已有的认知图式框架中，反之就会受到排斥。进行选择之后，就会对输入的新信息进行抽象。这意味着图式并不是原封不动地接受新信息、新知识，而是通过剪辑、抽象，把这些信息转变成图式能接受的东西。重组是指对经过抽象后的信息进行整理、归类和组织，这一过程有些类似于皮亚杰所说的同化作用。

2.2.4 预测及推理功能

鲁姆哈特认为图式如同理论一样具有预测作用，运用正确的理论就可以对没有被观察到的事物做出可靠的推理。同样，图式所解释的现象也往往是我们的感官所不能感受到的，这样我们对知识的理解就超出了感官观察的范围。图式与理论进行这样的类比尽管有些牵强，但的确说明了图式在知识获得过程中有预测和推理的作用。当新信息激活了头脑中的图式之后，图式就要对新信息进行解释，进行解释的过程就必定要包含预测和推理。

20 世纪 70 年代，“人工智能之父”马文·明斯基（Marvin Minsky）将图式构想引入心理学领域，创立了框架理论，这被看成图式理论发展的重要基础。在他的框架理论中，明斯基提出系统本身可以自动地把缺席值赋于变量槽道之中，这种赋值的过程其实就是图式进行预测和推理的过程。

2.2.5 迁移作用

迁移，是指一事物对另一事物的影响。当人们遇到外界的新信息时，这些新的知识会通过人的视觉、听觉等感官传递给大脑，激活头脑中原先储存的图式，同时经过搜索、选择、匹配、分析、推理等复杂程序作出判断，将人脑中相关图式通过迁移方式反馈到新信息上，最终理解新的信息和知识。

安德森（R. C. Anderson）等人做过一个实验（Brown，1987），让一组学习音乐的女生和另一组体育系举重专业的男生阅读同一段英语文章。音乐专业的女生读了这一段文章后，把文章所描绘的情景理解为一次音乐晚会，而体育系举重专业的男生则认为文章描述的是打牌情景。为什么同一段文章不同的人会产生不同的理解呢？根据图式的迁移作用，这两个专业的学生在学习不同专业知识的过程中形成了不同的专业图式。当文字信息输入大脑后激发了各自头脑中已有的不同的图式，他们产生了对文章的不同理解即迁移（秦建栋，2011）。由此可见，迁移对知识的习得具有重要作用，普遍迁移的根本条件就是头脑中已经建立了良好的图式，当系统的知识结构在头脑中建立了良好的图式后，就可以对新信息产生举一反三、触类旁通的作用。因此良好的认知图式是我们获取新知识的有效工具。

2.3 图式的分类

近几十年来，图式被广泛应用于各个学科和各个领域，由于研究视角不同，图式的分类也存在很大的差异。

2.3.1 皮亚杰的图式分类

前面的章节我们已经讨论过在皮亚杰的发生认识论中，图式是特别重要的概念。在皮亚杰看来，图式是指动作的结构或组织，这些动作在同样或类似的环境中由于重复而引起迁移或概括。具体来说，人类的认识发生、发展于主体和客体之间相互作用的过程中。在这个过程中，活动是过程的内容，而图式则是在过程中形成的组织活动的形式或结构。这种“形式”或“结构”只是一种智力的、认识的结构。对此，皮亚杰也指出，图式只是具有动态结构的机能形式，而不是物质形式。简单来说，图式就是主体对于某类活动的相对稳定的行为模式或认识结构。

皮亚杰在他的著作中，把图式分为初始图式、初级图式、高级图式三种，这三种图式反映了不同的认知发展水平。初始图式主要是遗传性的图式或反射图式，皮亚杰认为人类的第一个图式是通过遗传获得的，它是认识产生的起点，比如初生婴儿的吃奶、啼哭、抓握等行为。初级图式主要指感知、行动和习惯等。高级图式主要指运算图式、智力图式、思维结构等。

那么，图式是怎样由低级向高级发展的呢？皮亚杰认为当人的行为引起一种自发的努力，并从这种努力变得模式化起，图式就诞生了。皮亚杰举过这样一个例子，初生婴儿的吃奶行为，是一种本能，出于生理需要，婴儿会经常要求和进行这种活动，形成饿了就要吃的行为模式，这就是一种最简单的遗传性图式或反射图式。随着婴儿在适应环境的过程中，活动范围不断扩大，不断接触新鲜的刺激，婴儿在类似情景的重复作用下，通过图式的分化和泛化形成新的图式。随着图式的不断增多和复杂化，图式的发展水平也不断提高，进而发展起多种图式的协同活动，表现为人的心理水平不断地由低级向高级的发展。由此可见，皮亚杰非常重视图式在成长过程中的发展。

2.3.2 卡莱尔的图式分类

美国语言学家卡莱尔（Carrell）在20世纪80年代曾发表论文探

讨图式理论，以及图式理论在二语习得中的作用，尤其是图式对阅读理解的影响。起初，卡莱尔将图式分为两大类：内容图式和形式图式。他认为这两种图式对母语和第二语言学习的理解过程都有巨大影响，而且在理解的过程中会产生互动。后来卡莱尔进一步将图式进行分类，提出了语言图式的概念。至此图式分为三大类：语言图式（language schema）、内容图式（content schema）和形式图式（formal schema）。这三种图式与文章的语言、内容和表现形式共同协调、交互作用，最终实现对语篇的理解。卡莱尔的图式分类受到了我国众多研究学者及英语教师的推崇，目前，国内将图式应用于外语教学方面及翻译方面的研究都是基于卡莱尔的分类，后文中的英语教学也是以卡莱尔的三种图式类型为基础。

语言图式（language schema）指的是有关语音、词汇、句型、语法等方面的基本知识及语言运用能力，即学习者已掌握的语言知识总和，是语言学习和理解的基础，也是获取外界信息的基础。读者只有能够对单词和句子进行很好地识别辨认，并能进行词汇和语法推断，在阅读过程中才能根据文本材料中的字、词、句、篇提取文字信息，从而启动大脑中的形式图式和内容图式，如果没有扎实的语言功底，哪怕在句子中碰到仅仅一个不熟悉的低频单词，就会大大限制对于同一段内后边句子的理解。

卡莱尔和艾斯特侯德（Eisterhold）将内容图式（content schema）定义为有关主题的背景知识和与社会文化相关的知识（Carrell, 1983）。现在研究者们一般认同内容图式是指与语篇内容和题材相关的知识，包括事实性知识、价值观和文化习俗等体系。内容图式需要通过大量广泛的汲取信息式阅读才能获得。内容图式在一定程度上可以弥补语言图式的不足，帮助学习者预测、验证、消除歧义，加深读者对文章的理解。如果读者在通过简单的字面阅读下，没能明白作者的意思，那么就要结合相关的内容图式来加以深度的思考，拓宽思维。

内容图式包含概念知识或某一主题内的常态信息，以及信息如何相互关联而构成连贯的整体。从整体来看，内容图式涵盖了较广范围的知识，包括风俗人情、地理环境、历史潮流等。近年来，文化内容图式越来越多地引起研究者的兴趣。许多类别的内容图式可以很容易就被不同国籍和不同语言的人们广泛接受，但对于文化内容图式来说，它通常只能是居住在同一地区，具有相同文化历史背景的人们中间得到激活。文化内容图式可以使人们储存有关其文化的感知性和概念性信息，从而对其文化体验和文化表征做出诠释。

对于文化的敏感性，特别是对目的语文化的敏感性是非常重要的。没有文化意识，二语学习者在学习和交流中就会遇到较大障碍。所以无论在哪一级别的外语教学中，都应当要求并鼓励学生建立并丰富自己的文化内容图式。

形式图式（formals chema）又称修辞图式（rhetorical schema），是指有关文章体裁、文章组织结构、修辞结构和语篇结构等方面的知识。不同内容的文章体裁形式，有不同的组织结构和框架，具体表现为语体差异，修辞手法和结构的不同等。特定的内容往往需要特定的表达形式才能实现，也就是不同类别的篇章所特有的结构。许多研究表明，形式图式对于二语学习有着一定的影响。当文章内容保持不变而只改变修辞结构时，二语学习者的理解力和记忆就会受到影响。在语体方面，每种文章语体结构都有各自的特点。比如故事的语体格式，包括背景、开头、发展、高潮和结尾。关于信件的语体格式，包括信头、信内姓名地址、称呼、正文、信尾客套语和信尾签名。

在传统的二语教学中，教师总是将讲解的重点放到语言知识方面，比如语法、句型、语言点等，这些都属于语言图式的范畴。后来研究者发现文化的差异是导致二语学习者难以理解目的语篇章的重要原因，于是在二语教学中引入了内容图式。然而在二语教学特别是二语写作教学中仍然存在着一系列问题，学生经过长时间的语言学习，拥有了丰富的语言图式和内容图式之后，还是不能运用地道的语言进行写作，表现为修辞方法的缺失和较少的文体特点的掌握。所以说在二语教学中引入形式图式是非常重要的。而在阅读方面，读者头脑中形成了各种形式图式，熟悉了各种类型的文章体裁及其结构特点，也会有效地提高阅读速度，增强对材料的理解。

2.3.3 国外其他分类

除了上文提到的目前被普遍接受并广为使用的图式分类外，在过去的几十年间，不同研究领域中有很多研究学者都对图式进行了细致的分类，在图式学说的发展过程中起到了重要的推进作用。

在语篇结构理解研究中，鲍尔（Bower）和西里洛（Cirilo）把与该领域相关的图式分成以下两种类型：故事图式（Story Schema）和说明文图式（Expository Schema）。故事图式是指用来描写原形故事及其变异的图式。“它识别构成故事的单元、这些单元的顺序、以及特别容易出现在单元之间的各种连接。”（Bower and Cirilo，1985）说明文图式是指用于理解各种不同的说明文的图式。人们假设这些图式有序地排列在论述原形模式的周围（Bower and Cirilo，1985）。

克拉姆申（Kramsch）在她的著作中引用了菲尔莫尔（Fillmore）所提出的在语篇理解中的三种图式：一是语篇图式（Text schemata）：是指与语法结构和形式有关的图式。二是风格图式（Genre schemata）：是指属于不同语篇风格（小说、信函、报刊文章等）的修辞结构的图式。能够帮助读者弄清该语篇是童话还是讽刺，是悲剧还是喜剧。三是内容图式（Content schemata）：是指涉及主题内容的图式。能够帮助读者把该故事置于得体的逻辑关系之中（Kramsch，1993）。

在对阐释和理解行为的知识构成和应用模式所进行的分析研究中，依照卡莱尔和艾斯特侯德对形式图式（formal schemata）和内容图式（content schemata）的划分原则，科恩（Kern）对这两类图式进行了进一步的阐述。在他看来，“形式图式涉及与语言应用形式有关的知识；内容图式则与主题知识、对现实世界事件了解的程度以及文化概念有关”（Kern，2000）。

在不同的研究领域，图式被划分为不同的种类。例如：交通警察图式和超人图式（Carrell & Eisterhold，1983）；童话图式和背景图式（Bower & Cirilo，1985）；乘车图式和购买车票图式（Van Dijk & Kintsch，1983）等。

2.3.4 国内图式分类

随着近十年来图式理论在国内受到追捧，尤其是越来越多的研究者开始关注图式理论对知识习得的影响，国内的研究学者根据研究领域、研究目的或研究对象不同，也对图式进行了各种各样的分类。

1998年，陈贤纯在其专著《外语阅读教学与心理学》中将图式分为事件图式、场景图式、角色图式、范畴图式、故事图式和说明文图式六种。

李力（1997）以卡莱尔的三类图式为基础，考虑到图式特别是内容图式的文化特异性，以我国外语教学的实际情况出发，对内容图式进行了进一步的操作性分类，将其进一步分为三类，即共享图式、差异图式和特有图式。以便在教学中能够有的放矢地加强训练。

共享图式是指目标语和母语两种文化中共有的，而且不具备或基本不具备某一特定文化的特异性的图式。这类图式包括国际事务、财政金融、军事、科学技术、体育比赛和日常生活中的某些图式等，这些都可以被称为“共享图式”。由于这一类图式的“零文化特异性”，在处理信息的过程中对这类图式的激活和具体化相对而言比较容易（李力，1997）。因此，我们可以选用具有这类图式的语言材料对学生进行激活图式的训练，逐渐培养学生激活图式的能力。

差异图式是指两种文化中都有，但却存在很大差别的图式。这种差别主要表现在两个方面：第一，是指一些图式在某些类目的属性上有所不同。例如在“船舶下水典礼”这一图式中，“表示祝贺”这一类目图式在英语文化中可能是“名人在船头打碎香槟酒瓶”，而在我们中国的传统文化中则可能是“敲锣打鼓”或“燃放鞭炮”。第二，是指图式中某些类目在一种文化中存在，但是在另一种文化的类似图式中则是一片空白，换句话说，某些类目的存在本身具有一定的文化特异性。这些可被称为“差异图式”。差异图式在整个内容图式中数量最多、最复杂，因此也最不好掌握，最容易引起误解。图式的文化差异性主要也是从这类图式中体现出来的。

特有图式是指目标文化中存在，而我国文化中没有的图式，主要包括目标语文化中的诸如宗教仪式、节假日以及目标语社会生活中其他一些特有的现象。这类图式的数量虽然没有差异图式那么多，但其文化差异性最大，因此在理解目标语语言材料时造成的障碍也最大。对这类图式的激活和具体化的过程比对前两类的要复杂得多，因此我们应该在基本掌握了对具有前两类图式的语言材料的基础上再来处理具有特有图式的语言材料，只有这样才能有效地获取相关的背景知识，正确地理解语言材料。在外语教学中，目标语的社会文化背景知识是不可能仅仅通过任课教师在课堂的讲授就让学生全部获得的，但是背景知识又是在理解语言材料时不可缺少的，如何解决这个问题呢？李力（1997）等研究学者认为，应该着重培养学生对图式进行激活和具体化的手段和方法，使他们在接触语言材料时能有意识地主动从中获取社会文化背景知识，增强其跨文化差异意识，从而提高其跨文化交际能力。

另外在外语学习尤其是阅读理解方面，常宗林（2002）在研究众多国外相关文献后，将图式分成以下四个主要类型。

第一，综合图式。是指在读者头脑中形成的相对固定的东西，通常由人们的知识、经验、感情、情感以及各种能力构成。综合图式是人们所获得的关于家庭、社会和自然界的知识。它们储存在人们的头脑中。人们一旦开始阅读，图式便进入一种“奉献”状态。不仅在阅读的时候，而且在接受新信息和学习新知识的时候也能感觉到它们的存在和它们的奉献过程。人们借助图式的帮助可以期待和了解新事物，与此同时，新事物也丰富了头脑中的图式。在不断的使用和补充新知识、新信息的过程中，人们的综合图式也同时得到了充实和丰富（Kramsch，1998）。

综合图式具有从文化继承而来的共同特点。但是由于每个人的经历不同，头脑中的综合图式也会因人而异，因为图式内容是与人们生活中不同的实际“故事”联系在一起的（Rubin，1995）。这不仅表现在图式内容上，而且也表现在运用和表达方式上。除此之外，人们的综合图式还存在着量的差异。人们对世界了解得越多，其图式也就越丰富。丰富综合图式的途径有两种，首先，是直接经验，是指图式直接来自人们所从事的职业。其次，是间接经验，也就是从阅读、学习或者其他的一些知识输入方式（如教育）获得（Carrell and Eisterhold，1988）。就用于丰富综合图式的知识而言，人们从间接经验中获取的要比直接经验的多。综合图式的差异产生了阅读中的不同理解，综合图式圆满程度的高低则导致了理解的不同层次。无论综合图式的内容有多么贫乏，只要它能够使用，都能产生“理解”。只是这些理解是处在不同的层次之上的（Norman et al.，1975）。

第二，本土语言图式。是指一个人生活所在地的母语语言图式。本土语言图式可以看作综合图式的次图式，是阅读本土语言文本的一个重要的亚系统。对受过教育的当地母语阅读者来说，综合图式和本土语言图式同时发展，两者之间密不可分，假如缺少其中任何一项，阅读过程就无法进行。其中综合图式是基础，本土语言图式是通向语言理解的阶梯（Byram，1989）。

第三，英语语言图式。这是非英语母语读者需要发展其综合图式的亚系统。这些亚系统是目标语言的图式。对把英语作为外语学习的人来说，这些亚系统就是英语语言图式。这些图式主要通过英语学习和英语社会实践来得到。本土语言图式既能帮助也能阻碍英语语言图式的发展，也就是母语的正迁移与负迁移。就英语语言图式的习得而言，牢固掌握本土语言图式所具有的优势大于劣势。因此，在多数情形中，那些牢固掌握了本土语言图式的人们的英语图式往往比那些没有掌握好本土语言图式的人们要发展得快得多（Steinfatt，1989）。然而，既然母语学习和外语学习之间存在着差异（Davis & Bistodeau，1993），非英语母语学习者接受教育的方法就必然影响着他们的英语语言图式以及英国文化图式的输入和形成。“卡莱尔（1985）发现，明确而详细地讲授、比较和总结文本组织模式提高了 ESL 读者在阅读包含此类模式的文本时所回忆到的东西的数量和质量（Kern，2000）。” Cooper 在对非英语母语读者阅读英语句间修辞关系的敏感性的研究实验中发现，具有较高意识的人比意识较低的人在阅读测试中取得的成绩要高得多（Cooper，1984）。具有较少英语语言图式的读者即使面对标志明显的句间关系也只得到较低分数（Kern，2000）。

第四，本土文化图式和英国文化图式。与本土语言图式并存的亚系统还有本土文化图式。它们为阅读过程提供人们已经获得的文化知识。它们由人们能够得到的，来自学校、家庭和社区的所有相关的文化知识构成（Byram，1989），罗伊·D. 安德拉德（Roy Andrade）认为，文化图式“不仅广泛地描绘了可见的物质世界，而且广泛地描绘了社会交流、语篇、甚至词汇含义这些比较抽象的领域”（Kern，2000）。同一文化社区的人们在他们的本文化社区内共同享有这些图式（Gudykunst，1983）。对他们来说，阅读那些源于相同文化背景的著作显然相对容易一些，因为他们头脑中具有相同的本土文化图式的框架。就 EFL 读者而言，要深刻理解以英国文化为背景的语篇，就得具有英国文化图式，而理解的前提条件是他们阅读的英语文本与他们的英国文化图式相吻合。EFL 读者的本土文化图式和英国文化图式既有共同特点，也有不同之处（Inglis，1993）；在帮助理解方面，它们既有积极作用，也有消极作用。在交际之前，这两种图式处于静止状态，在交际活动中处于活动状态（Rayner & Pollatsek，1989）。

除此之外，还有徐子亮（2008）从图式的形式角度，将图式分为四类：事件图式、场景图式、角色图式和故事图式。他的分类更侧重描述图式在一般意义上的分类。

事件图式是由清单性信息（即某种情境下将发生哪些子事件）与结构性信息（即各子事件间有何种关系）构成，事件图式以事件为单元构成等级层次结构，这是从无数次的生活实践中提炼和积累起来的经验结构。简单来说，当人们听到某类事件的时候，会因为之前有过相关的经历或者脑子中已经有此类事件的相关概念而在头脑中不自觉地想起有关此类事件的相关细节，这些细节构成了以这个事件为单位的事件图式。日常我们做的每一件事情都不会出错，这是因为大脑中的事件图式在向人们提供言行规范，提醒人们在什么地方会见到什么人，会说哪些话，或者该做什么事等。

场景图式指某一类情境发生的地点或场合的知识结构。例如超市场景图式，一提到超市，脑海中就会浮现出货架、各类商品、推车、收银台等。场景图式也是一种等级层次结构，每个场合可以再分成不同的部分，每一个部分又有更详细的内容。同一层次内的各个部分之间同样也存在着空间关系。比如上下、左右、内外、前后等。提及一个部分，人们可以从这个部分想到不同层次的东西。

角色图式是有关人们身份、职业、阶层、言行特点等知识结合在一起的知识结构。每个特定的角色，都具有一些稳定的特点，在某些场合下的言行也是稳定的。人们可以根据他们的言行推断出他们担任了什么样的角色，会讲什么样的话，会有什么样的举止等。

故事图式是指有关故事情节发展的框架。一个故事中通常要包括很多个情节，每个情节又包括多个事件与活动。故事图式都有开端、情节和结尾，在情节中又包含若干个子情节，而子情节又有自己的开端、发展和结局。虽然故事图式丰富多彩，故事情节千变万化，但故事有开端、有发展、有起伏、有结局，这样的结构却是大致相同的。

通过以上的介绍，我们对图式的含义、图式的发展、图式的功能及图式的分类都有了大致的了解。在接下来的章节中，我们将图式理论应用到实际教学中，本研究中提到的图式分类都是以卡莱尔的三种分类（语言图式、内容图式、形式图式）为研究基础，讨论如何在图式理论的指导下，更好地进行大学英语的阅读、写作、听力及口语教学。

3. 图式理论与英语阅读教学

阅读是语言输入和积累的主要来源。英语阅读是学习英语语言知识，提高英语语言应用能力的有效途径，也是人们获取外部信息，了解世界的主要手段。当今社会处在高度信息化的时代，我国同世界各国科技文化的交流与合作日趋频繁、日益扩大，英语这一国际通用语在国际交往中发挥着越来越重要的作用。随着国内外科学技术日新月异的发展，大量纷繁复杂的科技文献等待着我们去阅读、翻译及介绍。当今世界有近 2/3 的科技文献是用英语书写。因此，英语阅读是人们了解世界发展的主要手段。英语阅读对大学生的重要性可见一斑。这就要求高校培养出的大学生必须具备高效的阅读能力，在有限的时间内尽可能多地阅读外文资料，查找尽可能多的重要信息。在校学习，英语阅读是他们获取英语语言知识、提高英语语言综合运用能力的重要途径；毕业后，英语阅读是他们在日后的工作和学习中所要应用的主要语言技能，是他们获取本专业所需新信息的重要手段。因此，大学生英语阅读理解能力的培养和提高一直是各个层次英语教学的重点，然而目前大学生的英语阅读水平却不容乐观。

3.1 学生的英语阅读现状

笔者曾以整班形式选取2016级非英语专业230名大学生进行问卷调查（问卷见附录1），发放问卷230份，收回有效问卷230份。通过问卷调查并结合自己多年来的实际教学经验，发现大学生在英语阅读方面主要存在以下问题。

第一，缺乏英语阅读兴趣

当学生被问及在英语阅读过程中是否能感受到英语阅读带来的乐趣，大部分学生回答“不能”；70%的学生回答说，他们阅读英语文章单纯就是为了应付四、六级等考试中的阅读理解题，是迫不得已去做的事情，几乎很少从中感受到乐趣。当问及他们是否喜欢老师对英语课文的讲授方式时，大多数学生的回答是“不喜欢”。当问及他们心目中的英语课是什么样子时，学生们都很茫然，没有有效建议。从问卷中可以看出，由于受英语考级的压力影响，大部分同学把英语阅读只当作完成任务，被动地进入阅读过程。阅读活动对他们来说，是枯燥乏味的，是一件不得不完成的工作。现行的考试体系导致学生对英语阅读缺乏兴趣。教师的课堂教学遵循传统的讲授式教学模式，即每堂课都是教师从头至尾、千篇一律地对阅读文章中的语言点进行讲解、灌输，对课文难句及段落进行翻译，无法调动学生的学习兴趣和学习积极性，老师讲解课文模式陈旧，没有新意，缺乏吸引力。他们只是被动地听讲、记笔记、做练习，不过早就已经习惯了。所谓的小组活动、微课、翻转课堂在实际教学中操作起来效果并不好，短期内也许会吸引学生的注意力，但时间一长，学生上课态度依然消极。如此消极的心理直接导致了阅读效率低下，学生只是被动地随着教师转，而不是主动积极地思考，提出问题以期在答疑解惑中提高对语言的认知能力。英语学习没有动力也没有成就感，一方面与个人兴趣、心理品质有关，另外与现行的考试体系和教学方法有很大关系。学生不是为了真正提高英语水平去读，而是为了考试去读、去做题。虽然大学英语教学改革这么多年，但是却依然没有实质性的改变。

第二，英语基础知识不扎实

当被问到英语阅读中最大的障碍是什么，90% 以上的学生回答说是“词汇量”。由于单词量不够，所以学生阅读中遇到生词太多，文章读不懂，无法领会文章主旨，关键语句读不懂，做题自然准确率不高。西方部分研究学者认为，外语学习者和本族语使用者之间显著的差别之一就在于他们所掌握的词汇数量的差异。对于大学生来说，有限的词汇是英语阅读最大的障碍。许多学生经常抱怨阅读文章中生词太多、读不懂。首先，这是因为许多大学生平时不注意词汇的积累，掌握的词汇量少，对许多单词似是而非，导致做阅读理解题时囫囵吞枣，出错率高。其次，掌握的词汇范围比较狭窄。多数学生对单词的掌握只是一词一义，所以当一词多义的单词出现在阅读材料中时就会出现理解错误。最后，阅读中遇到生词时的处理方法欠妥。有些学生平时阅读中遇到生词，就会不假思索地查手机词典，或者跳过去不管。他们这样做是因为所掌握的词汇量不够，而且不会运用一些技巧来猜测词义。久而久之就养成一种懒惰心理，阅读时不动脑筋，对手机词典过分依赖，从而影响了阅读效果。在考试中，因为不能查词典，所以阅读的文章中生词较多时无法阅读下去。

另外有部分同学存在基础语法知识差的情况。问及学生在英语阅读中遇到一些句式复杂的长、难句能否准确地分析句子结构、判断句子类型，从而正确理解句子的意思时，多数学生回答是否定的，对于这些复杂的长句、难句，学生往往根本不知道从哪儿下手来分析结构、判断句型，因而无法正确理解句子的意思。大学生在英语阅读中经常遇到的难题之一就是复杂的长句、难句太多，对一些联系上、下文的代词及表示转折、因果关系的副词、连词识别不敏锐，不能准确地分析句子结构、辨析句型，从而造成理解上的困难。造成这方面障碍的有两方面的原因。客观上由于中文句子是隐性连接，英文是显性连接，其众多的连词、系词能够形成结构复杂的内嵌句，所以英文句法对中国学生的句意理解造成难点；主观原因是部分学生语法知识掌握不牢，对英语语法没有一个比较清晰的认识，不能正确分析各种句子结构、判断句子类型，因此对多重复合句式的出现产生心理障碍，导致学生在阅读中不能很好理解一些英文句子灵活多样的变化形式。

另外语法知识掌握程度还呈现专业差异及地区差异。以笔者所在的理工科高校为例，理科专业学生的英语语法基础明显要低于文科专业的学生，西北、西南及西部省份考生的英语基础明显要低于东部及中部地区的考生。

从图式理论的角度来看，词汇量不足与语法基础差都反映出学生的语言图式不过关，头脑中没有完整成体系的英语语言图式，自然会影响学生的阅读理解速度与效率。

除此之外，课后的英语阅读量少也是大学生中普遍存在的问题。许多大学生仅仅将眼光盯在课本和习题上，而忽视了课外阅读。缺乏足够的语言输入，从图式理论来看，不利于语言图式的巩固与扩展，以词汇为例，词汇量是阅读中的一大障碍，只有在阅读中不断遇见与记忆新的词汇，才能扩展已有的词汇量及使用方法。

此外，各个高校削减大学英语课时，英语课堂教学时数少，学生的英语阅读时间有限也是影响学生阅读能力提高的一个重要原因。

第三，英语阅读存在畏难心理

学生在英语阅读中遇到一些生疏的文体如科普文章、议论文时普遍存在着畏难情绪。他们对这种类型的文章没有很好的应对措施，一看到这样的文章马上心里就发慌，甚至有抵触情绪。自己课下在做阅读练习的时候，遇到这种文章多半直接忽略，或者对着文章翻译或答案来看题。同样他们在阅读中遇到英语文章篇幅较长、篇数较多时也会感到焦虑，遇到这种英语阅读文章，他们往往缺乏耐心，常常读不下去，草草应付了事。尤其是在英语考试中，本身题量就大，阅读理解题部分篇幅较长时，紧张得看不下去，结果成绩往往很不理想。许多心理语言学家认为，阅读首先是一种心理活动的过程，它是作者与读者双方参与的积极思维的智力活动过程。如果只注重基础知识而忽视良好的阅读心理，这样学生在阅读时容易产生急躁、焦虑、恐惧等不良情感，势必会在一定程度上影响阅读效果。如果这些不良情感长期存在于学生的阅读过程中，最终会影响其阅读能力的形成和发展。有些学生读书很少，知识面狭窄，因而看到自己所不熟悉的题材或内容时就有了先入为主的畏难心理。这种潜在的心理干扰了正常的思维活动，从而影响了学生的正常发挥。另一种畏难心理源自对阅读“量”的恐慌感。这在英语考试中尤为明显。学生由于篇章过长而担心做不完，越做到后面越紧张，在阅读时不能高度集中注意力，思维混乱，不知所读内容或无法读下去。这种不良的心理状态给学生造成巨大的心理压力和负担，最终导致考试成绩不理想。

第四，不良的英语阅读习惯

笔者在多年的实际教学中观察到，许多学生在阅读时存在回读、唇读、指读、口译、心译等不良阅读习惯，这些不良习惯严重地影响了阅读速度，阻碍了阅读效率的提高。

回读是指当读到长难句时再度倒回来重新阅读的现象，又称倒读或复读。存在回读习惯的原因是学生唯恐自己忘了所读的内容或确实还没有理解和记住自己辛辛苦苦阅读的每个单词或句子的意思，从而就自然地回头再读一遍的现象。这种不厌其烦地倒回去重读的习惯虽然能暂时解除对个别单词或句子的困惑，但必将更大地影响阅读速度和对文章的整体理解。

唇读是指在阅读时无意识地喃喃自语地把每个单词念出来，有时也可能是无声地动动嘴唇，因此称为唇读。另一种较难察觉的阅读形式是心读，即在心里默念每个单词的发音。有唇读或心读习惯的学生可能是早期英语学习中以发音阅读为中心的学习法养成的阅读习惯所致。这两种习惯不仅有碍阅读速度而且由于过分依赖语音而忽略语意，进而影响到阅读理解的广度和深度。

指读是指用手指或笔尖指点着单词逐个慢读，这可能是因为学生在平时阅读中养成的不良习惯所致。比如有的学生会自觉不自觉地随着目光的移动而摇头晃脑。在阅读时增加了一些多余的动作，这不仅不能有效进行阅读反而分散了阅读时的注意力。因为手的移动速度比视觉速度慢得多，所以导致整体阅读速度变慢。

口译和心译是外语阅读中很难避免的问题，也是阅读能力差的普遍表现。在实际教学中发现，多数学生都存有边读边译的习惯，他们在英语阅读中始终不能摆脱汉语的影响，存在逐字逐句翻译的阅读习惯。他们感觉只有把阅读的文章翻译成自己本民族的语言，才是更好地理解了文章大意，才算是读懂了。这说明在阅读英语文章时仍然偏重于汉语思维，没有真正区分英、汉两种语言在许多方面的异同，用汉语思维去套用英语句子。这种英译汉的习惯会极大影响英语阅读的效率。一方面影响了阅读速度，另一方面读完之后脑子里杂乱无章，文章四分五裂，无法记忆或复现文章的主要信息和重要细节，更谈不上彼此之间建立有机的联系。因此似乎都看明白了，汉语意思都知道了，实际上并没有领会文章要表述的内容，无法从整体上掌握文章主旨，实际上阅读效率很低，阅读效果也不好。

第五，缺乏英语阅读技巧

在笔者多年的教学中发现，大部分的学生在拿到一篇文章后通常是从头到尾逐字逐句地阅读、分析、理解，这样做不仅阅读速度慢，而且通常读完一篇文章也不明白文章的整体意思。学生这样读的目的是更好地理解全文，但实际效果却不好。当问及学生在英语阅读中是否根据文章不同的要求而采用略读、寻读、猜意读等阅读技巧时，80%的学生回答“不会”。这些阅读技巧学生听老师讲过，理论上理解这些技巧，可很少在实际阅读理解中应用，因为他们已经习惯了循规蹈矩地从头读到尾。学生在进行英语阅读时往往缺少语篇水平上的阅读，比如在宏观上理解上下文的逻辑关系、语篇中的衔接与连贯、跟上作者思路的展开、掌握文章的主题思想、通过概括得出结论、了解作者的观点和态度等。学生阅读文章从来不思考文章的结构特点，脑内具备的形式图式太少，对各种体裁文章的走向不敏感，因此无法做出预测和判断。

他们往往习惯于过分纠缠语言和内容的细节，偏重辨认词义、分析语法结构、解释长难句等，对文章的理解只停留在句子水平上，习惯把语言拆分了来学习，孤立的句子好像是理解了，但整篇文章讲的是什么却不甚了解。这与十多年来的英语应试教育不无关联。英语阅读不仅要理解字面意思，而且还要善于分析判断、归纳综合，掌握文章的主题思想，了解作者的观点、态度等，这样才能做到真正地理解。阅读技巧的欠缺制约了他们的阅读速度，思维也不能与文章同步，达不到高层次的阅读理解。

第六，英语文化背景知识贫乏

学生在英语学习中很少注意收集一些英语的典故、文化、地理等背景知识，因而有时在做阅读理解时遇到这样的知识根本不解其意，遇到相关的习语或典故也不知所云，给理解文章带来很大的困难。语言是文化的载体，它承载着文化信息，反映人类社会的文化生活。所以在学习语言的同时，更要了解相关国家的文化背景。大学阶段的英语学习，除了语言知识本身的加深与巩固外，更应该开阔视野，扩大知识面，加深对世界的了解，提高文化素养。经过访谈得知，很多学生往往只是以考试为导向，忽视英语文化背景知识的积累，认为没有时间来进行文化背景的学习，有的学生因不了解文化背景知识而无法对文章的主题内容进行预测或猜测。

从图式的角度来说，与英语国家相关的文化背景知识都是内容图式的一部分，背景知识是学生对文章的主题内容进行预测或猜测的基础，是辅助理解的必需品。内容图式的欠缺将极大地影响对英语篇章更深一步的理解，势必造成英语阅读障碍。

第七，阅读过程缺乏有效监控和评价

学生们很少有意识地去监控自己的阅读过程。他们的自我控制能力不够，遇到阅读当中不理解的地方往往会丧失信心，无法继续阅读；他们很少进行自我测试，或者评价自己的阅读过程；他们没有阅读计划，很少在课后主动找材料进行阅读，更不知道如何来提高自己的阅读水平。这些都说明他们在课下没有对自己的阅读过程进行有效的监控，没有计划与目标的学习是盲目的，低效率的。而对自己的阅读过程与成绩缺乏有效评价，又导致学生不知道自己的弱项与问题出在哪里，没有相应的对策，因此阅读能力提升很慢。

以上七种现象是笔者在多年的教学中以及在学生的调查问卷中总结出来的几个学生在阅读中存在的问题。从图式理论来看，其中主要的几个问题可以归结为学生的语言图式不扎实，内容图式不丰富，形式图式欠缺，三种图式均有不足，从而导致在阅读过程中无法有效调动头脑中已有的图式，另外图式的欠缺也导致了阅读中的障碍无法跨越。这就提示教师应该从学生头脑中的图式的建构与扩展入手来展开教学，从而提高学生的英语阅读水平。

3.2 传统阅读教学的缺陷

我国目前非英语专业本科生基本上是没有专门的英语阅读课的（从这一点来说，国内很多高职院校的英语课程安排要远远好于本科院校），阅读教学主要体现在大学英语读写课上，因此笔者这里提到的传统阅读教学模式也就是指传统大学英语教学课堂上的文章教学。根据笔者的观察与综合其他教师的文献，目前，我国传统大学英语教学存在以下四个问题。

第一，偏重语言知识积累，忽视非语言信息调动。在大学传统英语教学过程中，教师主要的教学就是语法、词组的讲解和操练，似乎只要学生掌握了一定的语法规则和词汇自然就能读懂文章了。教师往往只关注课堂上的语言输入，词汇讲解，以文字为依据，按部就班，对课文材料从头至尾，不辞辛劳地梳理一遍，教师在讲授完新课以后，往往会配备大量的与本课语法知识相关的选择题和翻译题，这种“程式化”的教学法很难唤起学生的阅读兴趣。其结果是，学生在做阅读理解题时，往往无法正确找出文章或某段落的大意，作者的写作意图，或者根据文章的某些细节做出正确的推理和判断。词汇语法固然是必须掌握的，但是过分注重词汇和语法便会使阅读故步自封，往往掉入自以为理解正确的情况中而无法自拔。

心理学认为，阅读过程是大脑运用语言信息和非语言信息进行判断、推理、分析、综合的复杂思维过程。如果我们仅停留在字面理解的表层上，就不能完成正确解码。除了语言图式外，还需要调动学生已有的内容图式，对文章进行综合分析，才能对文章进行全面的理解，而目前我们的大学英语教学却厚此薄彼，给予语言图式过多的关注。

第二，传统语法翻译法占较大比重。语法翻译法作为长期在英语教学法中占有一席之地的传统教学模式，必然是有其长处的。在我国早期的英语课堂教学中，语法翻译法帮助我们建造了不可动摇的语言基础，但也塑造出了一大批“哑巴英语”。语法翻译法在语法词汇教学上无疑是有优势的，很多老师觉察出这种优势，便理所当然地沿袭以前的教学方式，一本教科书，一本教参，边翻译边讲解知识点。语法翻译法在课堂上所占比重过多有这样几个缺陷：首先，他灌输给学生的理念是，阅读就是把所有的单词弄懂了，然后用语法串联起来；其次，学语言就是枯燥的，就是死记硬背的。于是，阅读沦为一个考试题型，而不是获取信息、汲取他国文化的手段。

第三，教师是主体，学生是客体。尽管教师们都知道大学英语课堂应该以学生为主体，但是长期以来，真正的课堂却始终是以教师的“一言堂”为主，上课“满堂灌”，课堂上老师的讲解占据了大部分时间，留给学生思考、运用和练习的时间过少，忽视了培养学生的自主学习能力。填鸭式的教学模式使得学生兴趣不高，学生的课堂参与度不高，课堂学习效率也不高。教师主角地位毋庸置疑，学生是学习的主体的意识淡漠。自然，学习成了被动、消极的接受过程，学生是主体成为空话。

笔者认为，无论是语言知识，还是话题内容，教师都可以从内容图式、形式图式和语言图式的视角来激活学生头脑中已有的储存，在新与旧知识之间构建桥梁，激励学生主动参与。学生永远是学习的主体，而教师则是策划者、引导者、监控者和帮助者。

第四，教师本身能力不足。教师这个行业注定是要“活到老、学到老”的行业，在长期的教学过程中，因为一直接触的都是同样的教学内容，很多教师会失去奋斗的初心，会与时代脱轨，会产生不愿继续学习的惰性等。语言能力是拳不离手、曲不离口的，一旦缺乏练习，便会慢慢退化。所以，有时候教师会对教材以外的英语知识非常陌生，知识体系仅仅局限于教材内容，也缺乏涉猎语言文化背景知识，每日的教学只是将头脑中已有的知识反复地输出，缺乏知识的更新换代与输入，知识体系封闭且陈旧。此外，教育理论的发展日新月异，而教师们忙于平时的日常教学后，就很少去思考如何使用教学策略。诸如英语课堂上的阅读教学，教师们确实很少会关注如何教授学生学习预测、略读、浏览、结构分析等阅读策略。可能更多的还是秉持了这样一个理念——全面地认识单词，就能很好地看懂文章。

3.3　三种阅读模式

从“看到文字”到“理解含义”这整个阅读过程的描述与解释不过是近几十年才发展出来的研究模式。自 20 世纪 50 年代以来，研究者们逐渐将目光从局部研究转向对整体阅读过程的研究，并开始注重对阅读理论和模式的概念化。推动这一转变发生的因素有很多，其中重要的原因是：从 1965 年开始，心理学关于思维过程研究与语言研究结合得越来越紧密。这无疑促使研究者们将阅读研究提升到了一个前所未有的高度。阅读研究领域出现过各种各样的模式。

1960年以前，行为主义理论在心理学领域中占主导地位，因此这一时期的阅读模式也多以行为主义理论为指导思想；1965年之后，认知心理学的逐渐兴起使得新的阅读模式中加入了更多关于“认知”的概念，而不再是简单的“刺激—反应”。目前常常被研究者们提及的阅读模式主要有三种。

3.3.1 哥德曼的“自上而下”模型

简单来说，“自上而下”模式强调从语篇到词汇的高层次的阅读过程。哥德曼（Goodman）和他的团队从1965年就开始研究并不断通过实验来完善“自上而下”的阅读模式，在他发表的众多文章中，最为人津津乐道的论断就是：阅读是心理语言学的心理猜测游戏（a psycholinguistic guessing game）。哥德曼认为，阅读过程是一个主动而非被动的过程，从心理语言学的角度来看，阅读开始于作者编码形成语言表象，结束于读者解码理解意义内涵，在阅读过程中，语言与思想的交流互动是不可缺少的。由此可见，哥德曼并不赞同当时学界过分关注教师的教法和学生的表现，他认为阅读是一种积极的思维过程。学生在该阅读过程中是主动参与的，教师起引导的作用。

哥德曼用一系列圆圈来表现读者在阅读某个故事或篇章时大脑内处理信息的过程，见图3-1，并认为这一过程将伴随着读者阅读的推进而持续进行。人脑在处理阅读这一认知行为时，会通过开始识别、预测、确认、改正和终止这五个步骤来达到阅读效率最大化，即以最少的努力获得最多的信息。

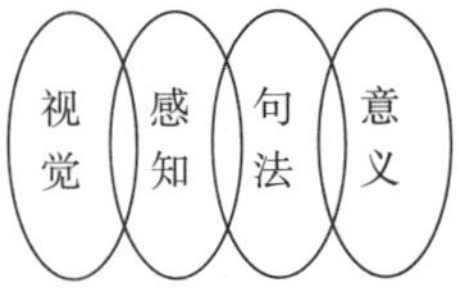

图 3－1

（Goodman，1975）

（转引自 Patricia L. Carrell 等主编的 *Interactive Approaches to Second Language Reading*）

在 20 世纪五六十年代行为主义理论盛行的背景下，“自上而下”模型的出现可谓是巨大的创新，其主要的创新点有两点：第一，在当时大部分学者运用“解码”这一概念来表述文字转化为语音的过程时，哥德曼率先提出“解码”的含义是“文字或语音被理解成为意义”，而符合“文字转化为语音”过程的术语为“重新编码”；第二，哥德曼强调读者已有知识的重要性，并提出读者在阅读过程中应降低对语言提示的依赖，而优先利用已有的句法和语义知识，以及一系列的阅读策略来预测作者意图并理解意义。哥德曼摒弃了传统的行为主义理论，从认知理论出发，探寻在阅读过程中人脑内的作用机制，推动了阅读心理学研究的深入发展。20 世纪 70 年代末，在这一模式中又增加了认知心理学的“知识结构论”，即认为阅读是人脑已有的知识结构与外界知识相匹配的结果，使该理论得以扩大。

哥德曼的“自上而下”模式是基于对母语阅读的研究基础上的。但不少语言学家、外语教育专家和阅读教学专家从哥德曼的模式中得到启发，并将此模式应用于外语阅读教学和研究中。这些研究从各种不同的角度探讨了“自上而下”模式在外语阅读中运用的可能性，并从理论上发展了这个模式。其中最突出的发展是根据外语阅读的特点强调了社会文化背景知识，即内容图式的重要性。虽然“自上而下”模型开创了那个时代的先河，为后续的阅读理论发展打下了坚实的基础。但是，哥德曼的模型也并不完美，它最大的问题是只有理论解释，没有切实可行的阅读指导方法，而后者恰恰是一个阅读模式用来连接理论与课堂的桥梁。此外，“自上而下”模式对一个语言水平达到一定程度的阅读者来说的确可以算作一种有效而恰当的方式，因为此时阅读者的解码技巧已趋于熟练。但即使对这类阅读者来说，采用这种强调高层次手段的模式的代价，也往往是牺牲了迅速而准确地解码的低层次手段。换言之，这种模式强调阅读是一种认识过程，却忽略了这个过程的感知（如解码）阶段。而对于一个初学者甚至中等程度的阅读者来说，这种模式并未反映阅读中最经常出现的主要问题。

3.3.2 高夫的“自下而上”模式

简单来说，“自下而上”模式是一个线性序列传递，即字母—单词—词组—句子—段落—语篇。它强调从词汇开始到语篇意义的理解，是由具体到抽象，由低层次到高层次的过程。在这个模式中，教师的主要任务就是帮助学生解决语言上的障碍，即弄清词汇、短语和句子的意义。学生在阅读过程中是被动参与的过程。

与哥德曼主张研究阅读的心理机制不同，高夫（Gough）提出的“自下而上”阅读模式本质上研究的是阅读的外部过程，他认为阅读开始于眼睛对字母的注视，然后由字母组成的词汇将根据心理词典获得意义，然后词汇在句子中被加工。换言之，阅读是一个精确的过程，是对印刷符号的一系列准确详尽的感知和辨认。高夫相信在阅读过程中，读者对信息的处理是线性的，信息总是从低级向高级转换，并且在高一级的水平上得到进一步的加工。

虽然高夫的研究（1972）晚于哥德曼的“自上而下”的模式发表，但“自下而上”模式代表了当时学界的主流观点，大多数学者都赞同阅读是读者的眼睛从左往右连续运动，文本中的文字逐一被辨认的过程。因此，那时候无论是母语阅读教学还是外语阅读教学，教师们都主张学生在阅读时应该逐字逐句地理解文本，阅读教学过程也基本上遵循着“先教生词，再读课文”的模式进行。这种模式一直延续至今，仍然是课堂上教师最常用的教学模式。

实际上，这样的模式在教学实践中产生了很多问题：学生因阅读得过于仔细而忽视了阅读速度，又因读得太慢导致阅读量过少，最终阅读变成了一项课堂任务，而失去了其作为交际手段来获取信息的功能。学生始终停留于文字层面，无法以更高的角度来读懂文章深层的含义。

随着对阅读过程的研究越来越深入，“以文本为中心”的“自下而上”模型因其假设中存在的问题开始受到各方面的批评。学者们发现阅读不仅仅是从读物中提取意义的单一过程，读者本身的知识和记忆在阅读中也发挥了积极的作用。根据认知心理学家提出的“词优效应”和“语境效应”等理论，人脑中信息加工的方向被证明不可能是单一线性的。

不可否认，高夫的“自下而上”模式有其优点，但该模式只停留在对阅读外部过程的观察上，而对阅读的整体分析不够全面。

3.3.3 鲁姆哈特的相互作用模式

基于对上述两种模式的分析，一些研究者们，例如鲁姆哈特，提出了一种新的模式。作为人工智能专家，鲁梅哈特（Rumelhart）并不认同高夫对人脑信息处理过程的描述，即信息只能单一线性地从低级阶段向高级阶段传送。他认为在阅读的过程中既有自下而上的文字加工，又有自上而下的信息加工，由视觉加工得到的信息与认知加工得到的信息将在人脑内的某个部分相互作用，而且这种相互作用反映在各个层级上，低到字母，高到句子。他们把阅读看成是一种广泛的交互作用过程。这种综合了“自下而上”和“自上而下”模式的新模式认为，在阅读过程中这两种模式不断地交替作用于阅读过程，由两种模式获取的信息都在重建原文含义上起重要作用。根据这一观点，一个成功的阅读者应该既善于解码又善于诠释原文。这种模式并不是两种模式简单、机械的叠加，而是使两种模式达到一种平衡。它充分肯定了“自下而上”模式的必要性，修正了“自上而下”模式中的偏差，从而使两种模式都具有了新的含义，并在这种新的模式中得到了统一。该模式强调阅读的互动性和交互性，是读者进行预测、推理、筛选、验证、调整的过程。该模式也是目前最受大众欢迎的一种模式。

这种新模式中的交互作用在三个层次上发生。首先，低层次手段和高层次手段交互作用，这与在“自上而下”模式中发生的情况类似，但其交互作用的程度、主动性要大得多。其次，“自下而上”与“自上而下”两种模式交互作用、互为补充。最后，阅读者的背景知识和原文中隐含的背景知识交互作用。与“自上而下”模式一样，这种模式强调背景知识在外语阅读中的重要作用。作者在写作时都有一个大前提，即他自己和他潜在的读者之间在他所写文章所涉及的内容方面具有一定数量的共享信息，这种信息共享是进行进一步信息传递的基础，如果读者不具备这种共享信息，他对原文的理解就会出现偏差。

鲁梅哈特的“相互作用阅读模式”是建立在20世纪六七十年代进行的大量认知心理学的研究结果上的，他的理论综合了“哥德曼模型”和“高夫模型”的优点，较为全面地解释了阅读过程中的各种现象，在这个研究的同时，他还提出了图式理论，进一步完善了该模式。直到现在，阅读心理学家对阅读过程的看法也基本与他一致：阅读理解是视觉信息与读者已有知识相互作用的过程。

3.4 国内外基于图式理论英语阅读教学研究状况

图式理论自出现以来就吸引了不同国家学者的关注，尤其是外语教学的研究学者们，阅读是将图式理论应用于外语教学的第一个研究方向。

3.4.1 国外研究现状

自20世纪60年代至今，以约翰逊（Johnson）、哈得森（Hudson）、卡莱尔（Carrel）和高柏（Goldberg）为代表的学者，从不同的视角研究了图式在改进学生阅读理解方面的重要作用。

约翰逊（1981）的研究表明：假如文章的文化背景知识以读者自己所拥有的文化背景知识为基础，那么文章中含蓄的文化内容就容易被领会，尤其更利于理解具有一定难度的句法和修辞问题。反之，对内容图式不熟悉的文章且无法与自身的经验相作用或一时唤不起互动的，就会影响语言图式的认知。

史蒂芬森（Stephenson，1984）等调研了文化图式对阅读的影响。他采用了两篇阅读文章：一篇是印度题材的婚礼仪式；另一篇是美国题材的婚礼仪式。两国的学生阅读了相同的两篇文章，并让他们回忆文章内容。结果显示：与自己文化相关的文章理解得更轻松、更精准。

卡莱尔（1984）设计了一个研究，尝试了解在阅读中掌握不同故事体裁的图式对阅读的效果。实验对象是来自不同语言背景的以英语为第二语言学习的大学生，他们被随机分成两组，一组被要求读符合故事图式结构的三篇文章；另一组读的是与故事图式结构相悖的文章。研究发现：在阅读理解进程中，熟悉故事性图式结构对读懂文本内容有着明显的效果，也有利于对故事内容进行长时记忆。

斯托特（Stott，2001）指出，拓展阅读有利于构建和丰富读者的图式。广泛的阅读能够帮助学生建立和增加图式，能更好地理解和欣赏他们所读到的文章。

尼尔（Neil，2004）提供了一些实用的课堂活动来激活图式，例如：读前讨论、语义图、篇章图式的激活和预测等。所有这些研究都表明：语言图式、内容图式和形式图式对英语的阅读理解有着很大的影响。教师有必要去帮助学生建立图式、激活图式和巩固图式。尽管图式理论指导阅读教学还有其局限性，但在具体的应用中显现出很大的效果。

3.4.2 国内研究状况

国内将图式理论应用于英语阅读教学的研究相对国外起步晚些。20 世纪 80 年代才揭开将图式理论应用于英语教学的研究序幕。20 世纪 90 年代后，随着改革开放步伐的加快和计算机网络技术的发展，使得人们对英语学习更为重视，许多专家和学者在中学及大学的英语教学中致力于将图式应用于语言习得等方面。

胡淑娟（2003）从图式理论视角探讨了大学英语课堂如何采取策略，帮助学生激活和建立背景知识，鼓励学生以大量的课外阅读扩充背景文化，并提供了以图式为导向的课堂教学实例。

何泓（2005）围绕激活学生的内容图式和形式图式，对如何才能提高以英语为第二语言的学生做了定性的实验研究，证实图式理论为指导的高中阅读教学确实能够提高教学水平和教学效果。

林英群（2007）探讨了在高中英语阅读教学中阅读理解与背景知识的关系，并得出结论：图式理论指导下的阅读培训能改变阅读理解的水平。

王芳幼（2008）的研究致力于中职英语阅读教学。主题是背景知识与阅读理解之间的关系。研究采用了切合学生实际的图式阅读教学模式。此模式有利于较低英语水平者的阅读策略、技巧的灵活运用，对于提高阅读速度、培养良好的阅读习惯、提高阅读综合应用能力都大有帮助。

王娜（2011）的研究主要专注于大学非英语专业学生的英语阅读图式理论的应用。结果显示，接受培训的学生在大学英语四级和六级中的快速阅读和传统阅读成绩都有大幅度的提高。

最近几年图式理论在阅读方面的研究依旧在进行，但数量较前几年稍有下降，研究方法与教学方法并没有本质上的更新与进步，因此笔者在这里不再一一列举。

3.5　图式理论在阅读教学中的应用

图式理论作为阅读心理学中的重要理论在我国的英语教学界受到了很大的重视，可以说是近 20 年来对英语阅读教学的首要指导理论之一。阅读是综合语言水平的体现，教师应该在课堂的英语学习中，培养学生养成建构语言图式、内容图式和形式图式的习惯，在阅读中引导学生激活头脑中已有的图式。笔者对于图式理论在阅读中的应用研究主要按照阅读前、阅读中和阅读后三个阶段来展开。

3.5.1　阅读前新建与激活图式

阅读是一项接收新信息的活动，但“接收”并不是这项活动的起点，阅读真正的起点应该是回忆。英国心理学家巴特利特（1932）认为回忆是一种建造过程，这种建造来自图式。根据认知心理学关于记忆的理论，一个人所拥有的一切知识和经验都将储存在长时记忆的无限大的信息库里，但通常情况下不为我们所意识，仅以静态潜伏，只有当它被激活并提取到短时记忆中时，人们才能感觉到其存在。因此，大学英语课堂上课文阅读前的热身活动本质上就是通过回忆帮助学生快速地完成信息提取，激活他们脑内已有的语言图式、内容图式和结构图式。

3.5.1.1 语言图式的激活与新建

根据“自下而上”阅读模型的观点，阅读是从字母到单词再到句子，是从小到大、从下往上的逐一辨认和感知过程。虽然心理学界基本上否定了单一的“自下而上”模型，但这并不能降低我们对语言图式的重视程度，拥有一定量的语言图式是调用内容图式和形式图式的基础和前提。尤其对于远离第二外语自然语境的我国大学生而言，语言图式是阅读过程中信息解码的必备知识，是自下而上阅读的基础。语言图式不完备，会造成阅读障碍，无法进一步进行高层次的理解。因此，丰富语言图式是非常必要的。词汇的学习和积累是建构语言图式的基本。尤其对于大学生来说，中学阶段已经完成了所有英语语法知识的学习，英语的主体框架已经形成，欠缺的就是填充语法的词汇量。因此，在正式阅读开展之前，教师可设计相应的教学环节激活学生脑内已有的旧语言图式，或建立他们未曾接触过的新语言图式。常用的方法有思维导图、构词法以及情景记忆法等。

思维导图是近年来流行的学习观念，对于英语词汇学习来说同样适用。每种语言的词汇与词汇之间都是有联系的，发现词汇之间的联系，并根据这些关系分类记忆，运用思维导图来对词汇进行组织、记忆、调取、运用时效率更高。思维导图有助于学生将新单词融合到头脑中已有的词汇图式中，并将此分类存储。在应用时笔者主要从词义和语法两方面来运用思维导图组织词汇。词汇可以根据词义归纳成一个思维导图，将词汇归纳整理成为思维导图后，词汇之间的关系，不论是词义，还是语法，都变得更为明晰。这种方式不仅可以帮助学生识记词汇，对词汇的语义、语法之间的联系更加清楚，思维导图内化之后也能够帮助学生更高效地吸收积累新的词汇，扩大词汇量。

另一个适合大学生的单词学习方法就是构词法。学习词汇的构成，可以利用构词法来归纳单词，也可以在阅读过程中用构词法猜测词义。在英语词缀词根这些新的图式的建构过程中，需要教师的有效引导。例如在讲解-holic 这个后缀时，教师可以先展示几个以-holic 结尾的单词。例如：alcoholic，shopaholic，bookaholic，beerholic 等，引导学生归纳总结带有 holic 词缀的单词一般表示对什么东西非常着迷，沉迷于某事无法自拔，再遇到有相同词缀的单词，学生就能在这个单词图式下吸收总结新的单词。在阅读中，再遇到类似词型的单词时，也可以根据规则，利用前部分单词的含义来猜测词义。

此外，单词学习的另一个有效途径就是情景记忆法。学习语言的最终目的就是在实际中交流。因此，在平时的英语课堂上，创设一些比较真实的情境，引导学生在情境中运用语言解决问题是非常重要的。最新的《教学指南》也强调语言的实践目的，要求培养学生的语言运用能力。单词的记忆也可以用创设情境的方式来归纳、强化，并在运用中再次强化。

3.5.1.2 内容图式的激活与新建

在正式开始阅读之前，教师还应该激活学生头脑中已有的与课文内容相关的内容图式。鲁姆哈特认为，图式所表征的不是定义而是知识，是在人的记忆中所储存的数量庞大的科学道理与生活经验。在面对学生时，教师首先应该了解和判断学生头脑内已有的内容图式，包括其广度和深度。这需要教师根据学生的年龄、地区、兴趣爱好等具体信息和自身长期的教学经验进行综合分析，然后再利用多种教学手段和方法来唤醒学生脑内已存的内容图式。值得注意的是，经验再丰富的教师也会有对学生已有图式判断错误的时候，因此充分准备和及时调整是阅读前建立与激活内容图式的重要原则。同时，内容图式激活失败的情况也是对一名教师随机应变能力和课堂掌控能力的考验。在实际教学中，“头脑风暴”、利用多媒体技术和利用口头报告三种方法是常用的有效激活内容图式的方法。

“头脑风暴”这一概念流行于管理学，其自由联想和讨论形式可以作为大学英语阅读教学中激活内容图式的一个环节。例如《大学英语进阶英语教程》（第二册）第一单元的主题是绿色生活。首先教师设置一个小组讨论：在大学生活中怎样做到绿色生活？同学们通过讨论以及倾听其他同学的答案，拓展了自己的思路，拓展了头脑中已有的相关图式，调动了头脑中关于“环保”的内容图式，也为课文的进一步阅读学习做了铺垫，有助于从被动阅读转化为主动阅读。

目前我国绝大部分高校英语教学课堂都配有多媒体设备，熟练掌握与使用多媒体技术更是大学英语教师的基本素质之一，因此利用幻灯片、图片、视频等视觉刺激工具帮助学生在阅读前建构与激活内容图式具有现实性与可实施性。大学英语中有大量关于英语国家的文化背景知识，利用多媒体能够让这些内容具体化、形象化，有助于学生快速而有效地建构新的内容图式。

以学生为中心、教师为主导，重视情感因素，充分发挥学生的主动性、创造性是目前大学英语教学的基本教学原则之一，教师在进行任何教学设计时都要牢记这一原则。口头报告这一方法很好地体现了“以学生为中心”的理念。在阅读前的热身活动中，由学生来进行口头报告介绍文章的相关文化背景常识，学生准备的过程就是充分调动头脑中已有的图式的过程，就是将已有图式进行梳理、整合的过程。

能否调动学生头脑中已有的内容图式是能否顺利完成阅读的前提之一，然而每个学生已有的内容图式不尽相同。因此，教师的任务就是让教学设计尽可能全面地覆盖到所有学生的内容图式，尽可能准确地贴合他们现有内容图式的深度和广度，从而更有效地激活图式。上文介绍的三种方法，笔者在大学英语教学中都曾实践过，也得到了较好的效果反馈。但教师在备课时应该根据文章的内容和特点有针对性地选择方法，并不能每篇文章都用同一种方法，也不能每次教学都只使用一种方法，而应该不断地尝试和改进。

3.5.1.3 形式图式的激活与新建

除了语言图式、内容图式外，形式图式也是在阅读前必须考虑的。教师应在正式阅读之前引导学生辨别阅读文章的形式图式，并帮助学生回忆英语中不同文体的特点，利用文体特点建立与激活结构图式，达到提高阅读效率的目的。

有关文章结构、体裁、风格等方面的知识能够引导读者预测文章的信息组织方式，因此教师也要培养学生有意识地建立形式图式。教师可以在教学中培养学生熟悉各种文章体裁的特征。不同文章体裁有各自的特点，学生可以通过体裁来预测文章内容、文章结构和重要信息的位置等信息。例如，记叙文一般以时间或空间为线索，以人物或事件为中心展开，结构一般根据事件的开始、发展、结束分为三段。遇到记叙文时，着重注意时间、地点、人物等信息点，找一找中心人物和叙事线索是什么，根据事件的发生、展开和结果，把段落之间的关系弄清楚。

再如，说明文是一种阐释知识的文体，通常结构鲜明，段落关系逻辑性强，信息点明确。阅读说明文时先从文章开头和结尾段落寻找说明的主题，形成整体印象。再看文章中段作者是如何阐释知识的，通常说明文在阐释时先摆观点，再举例子，所以阅读的时候，先找每段的中心句，中心句通常会放在段首。找到中心句，弄清文章段落之间的逻辑关系之后，整篇文章的结构就很清楚了。之后，在阅读中找细节的时候可以根据段落的中心句，对号入座，省时高效。

3.5.2 阅读中运用图式与策略

曾有学者认为，在大学英语的课堂上，教师的工作主要在于读前与读后，在学生的阅读过程中，学生才是活动主体，教师并不需要做什么。其实，作为教学活动的主导者，无论在阅读的哪一个阶段，教师都扮演着重要的角色。即使在学生阅读篇章的过程中，教师也不应是一个旁观者，而应是一个参与者、帮助者。教师应该通过设计相应的教学环节来激活学生头脑中的相关图示以利于对文章的理解，启发学生运用并完善各种阅读认知策略，帮助他们顺利地完成阅读。

在阅读中，教师要引导学生一方面通过语言图式对文本进行基本的信息解码，另一方面，将激活的图式应用于文本，做出预测和推理，从文本中找线索，验证或修正预测，达到全面理解文章的目的。阅读是一种循序渐进、互动的建构的认知活动，因此阅读活动的难度梯度和层次在设计时要分明。阅读活动的顺序做到由易到难，由简单到复杂，由大意到结构再到细节。阅读活动的目的做到明确，每一步预测学生的接受能力和完成程度，考虑完成后学生能够获得什么，活动紧紧围绕目的来设置。

首先，通过略读（skimming）来掌握文章大意。在略读的过程中，读者可以不求每词每句都逐一弄懂，而是要基本掌握文章的主旨大意、结构和体裁。在略读时可以首先通过文章标题、导读和插图等信息点预测文章内容；阅读开头、结尾段落，寻找中心句，验证文章内容；阅读每段首句，寻找关键词和段落中心句；总结文章主旨大意，总结段落大意和段落之间的关系。在这一阶段中，读者可以根据文章标题、关键词、中心句等重要信息点在脑海中构建一个简略的内容框架和结构框架，为后来的细读做指导和准备。在略读全文时，注意提醒学生要默读，尽量不要朗读、指读、唇读或回读，提高阅读效率。读后教师可以设置有关文章主旨大意的问题来考查学生的阅读成果，并根据反馈来调整阅读活动。

其次，对文章进行寻读（scanning）。这一次阅读目的在于训练学生迅速寻找文章细节的能力，并通过细节阅读来填充，修正之前形成的内容和体裁框架。在这一阶段中，教师可以通过设置问题或任务型阅读来引导学生寻找文章细节。在阅读时也要引导学生动笔做好标记，如圈出重要信息点，画出中心句等，引导学生养成做笔记的习惯。

设置问题时可以将问题的时间顺序打乱，问题的提问顺序可以不同于文章的逻辑顺序，训练学生根据段落大意来准确地对号入座，在之前建立的图式的引导下寻找细节，充实图式。细节题应该由浅入深，形式多样，否则很容易使学生有枯燥、疲劳的感觉。问答时引导学生使用文中原句或学过的语言知识，引导学生学有所用。教师也可以通过任务型教学的方式，设置任务，让学生在任务中完成细节寻找。任务型教学目的明确，以学生参与为主，可以训练学生独立思考，解决问题的能力。教师可以提供图表，思维导图等有内部逻辑关系的框架，引导学生有条理地寻找细节，并把细节按照一定的逻辑关系归纳总结，从而可以更高效地记忆信息，丰富图式。

在寻读时，除了自上而下地利用图式指导阅读外，也可以引导学生通过自下而上地阅读，扫清语言障碍，协助高层次的阅读理解。学生可以根据上、下文的语境，语法关系如同位语、对比关系、定义解释、构词法等猜测生词和词组的大意，为进一步阅读做准备。

最后，阅读文章时，要进行深度阅读（intense reading）。这一次阅读的目的是揣摩文章深层次含义，了解作者写作意图、思想感情、写作风格等。深度阅读相对前两层阅读活动难度较大，教师一方面可以提示学生文章中的关键点，引导学生自己揣摩，并辅以长句的讲解和有特殊含义的词汇的讲解。但是长句和词汇的讲解只是为学生扫清深层阅读的障碍，不能作为重点，更不能把阅读的目的当作词汇和句法的学习，词汇和句法的学习对于大学生来说完全可以自学完成。在这一层的阅读中，教师可以引导学生进一步建构形式图式，引导学生思考作者的写作意图和情感，反过来注意意图和情感是如何被表达出来的，可以运用哪些形式，进一步丰富形式图式，为以后的阅读活动和写作活动做准备。教师也可以引导学生将文章内容纳入自己已有的知识框架中，如总结一些说明文的内容、科普文章的写作风格等；或对一些知识进行延伸性说明，引导学生建构完善新的图式，如进一步介绍文章中出现的关于外国文化社会和宗教等方面的常识。

另外，对于二语学习者来说，在进行目的语阅读时，因语言图式、内容图式和结构图式的限制，读者的认知资源会大量集中在激活和新建这三类图式上，而忽略对阅读策略的使用。因此，教师应该利用心理学的相关理论，通过设计相应的教学环节启发学生运用并完善各种阅读认知策略，帮助他们顺利地完成阅读的同时激活图式。笔者在课堂中经常用到以下一些具体可行的阅读教学设计。

首先，让学生学会运用预测策略。这包括运用关键词及关键句来预测文章的写作重点、写作方向或主要内容。关键词往往存在于标题或起始段中，是对文章主要内容的一个概括；关键句，也可称为总起句，常常是位于首段或每段的第一个句子，起着引出下文或转变话题的作用。

其次，让学生学会运用推断策略。第一，要提的就是利用上下文推断。在英语课文阅读过程中，当遇到不认识的单词，或不能理解的短语时，成熟读者经常会利用上下文信息来推测和断定新信息的含义。尽管在阅读过程中，学生可能并不十分确定自己的推测，但通过教师讲解或查阅字典确认正确后，学生会增强自己推断能力的信心，而且更加深刻地记住这个新的语言图式。第二，是利用已有图式推断。无论用什么语言进行阅读，读者已有的图式，即他们自身的知识和经验是以稳定的状态存在的。当某一图式被激活时，围绕这一图式的其他子图式也会被依次激活，这就是利用已有图式进行推断的过程。虽然这种方法的阅读效果很好，但已有图式的推断作用也是有限的，因为并不是每一篇阅读材料的内容都能和读者自身的知识匹配上，很多时候读者是不具备所需内容图式的。因此，想要有效利用已有图式推断这一认知策略，首先需要拓宽自己的知识面，完成更多内容图式的积累。

3.5.3 阅读后巩固与重建图式

在课堂上引入新的图式后，需要教师及时地在读后活动中加以总结，以便学生巩固新的图式或重建图式。在阅读后活动中，教师可以利用头脑风暴或思维导图等方式引导学生对刚刚收集的信息进行总结。教师也可以引导学生将阅读中收集到的信息融合进已有的知识框架中，这些活动可以帮助学生将新的信息融合进已有的图式，也可以锻炼学生的概括、分析、对比等思维能力。教师可以开发现实生活、史实或新闻实事和阅读材料的关系，设置开放性问题，引导学生进行开放性和批判性思考；也可以引导学生运用自己的生活常识对已收集到的信息进行补充完善；在已有图式的基础上扩展思维，完善已有图式，构建新的图式，并利用阅读活动锻炼学生的开放性和创造性的思维能力。

3.5.3.1 阅读后巩固与完善语言图式

在语言图式方面，大学英语主要是新的词汇的学习，教师可以采用同义词替换法或关联词汇法通过练习将新词汇与头脑中已有的语言图式相关联。例如笔者经常在阅读后采用词汇连线的方式，将本课的新单词列于左侧，以前学过的同义单词打乱顺序列于右侧，让学生将同义单词正确连线。这个方法有效地将新单词与头脑中已有的单词图式关联起来，在扩展原有图式的基础上记住新单词。

关联词汇法的理论基础是图式的层次，大的图式包含小的图式，小的图式包含更小的图式。每当一个较大的图式被激活时，与之相关的同级图式或下层图式都有可能被相继激活。各类图式间也是有联系的，当某个内容图式被唤醒后，读者将迫切地需要建立支撑其表达的语言图式。在英语阅读中，一篇阅读材料可能会提供一部分与该内容图式相关的语言图式，但一定不会是全部。因此，教师在备课时应该以学生水平和自身经验为判断依据，选择和补充一定的语言图式，为今后学生的自主表达提供语言材料。

3.5.3.2　阅读后巩固与完善内容图式

常用的用于巩固与完善内容图式的方法有图表对比法和内容复述法。

读者在阅读完成后会获得很多新的信息，这些信息可能和他们脑内原有的图式有着各种各样的差异。为了辨别新旧图式间的具体差异，教师可以带领学生制作对比图表，用这种直观的呈现方法让他们的内容图式结构化、条理化。尤其是在讲解一些中西方文化习俗差异的时候。例如讲到国外的圣诞节习俗，可以将其与中国的春节作对比，从时间、庆祝方式、饮食文化等多个方面来进行图表分析，有助于对知识进行梳理。

心理学家发现信息从短时记忆转入长时记忆是通过复述实现的，复述分为简单复述和精细复述，后者是指将要复述的材料加以组织，使它们与记忆中已有的信息联系起来，形成深层次的加工，又称为整合性复述。复述并不是使信息被动地留下印象，而是主动地进行编码。因此，学生主动地复述所学内容可以说是巩固与完善图式的有效方法。在大学英语教学中，复述可分为口头复述与书面复述两种，选用标准主要在于课时安排和文章难度。对于篇幅较长但内容重要的文章，教师可在课堂上带领学生口头复述一遍，将书面复述作为课后作业；在课时充裕的情况下，对于短小精悍、叙述性强的文章，也可让学生当堂口头复述。

3.5.3.3 阅读后巩固与完善形式图式

在合理的教学设计和清晰的教师讲解下，学生理解英语课文的形式图式并不困难，但理解并不意味着掌握。想要让学生真正地掌握好英语的形式图式，教师应该设计更多配套练习让图式进入他们的长时记忆。上文提到的复述就是一种很好的方法，学生不仅应该练习内容复述，而且还应该练习结构复述，即文章仿写。例如当学完一篇说明文后，可以让学生模仿该说明文的语言特色写一篇与生活息息相关的物品的说明文。任务的设置也很关键，最好围绕学生生活中常见的人或物来进行。

为了达到巩固和完善三种图式的目标，教师往往会给予读后活动很大的关注，但值得注意的是，阅读前、阅读中、阅读后的活动所占用的时间和精力应该得到合理的分配。如果每节课都布置复述和改写的任务，不仅会增加学生的负担，而且还会偏离英语课的设计目的。因此，教师应该不断吸收先进理论、完善教学设计、努力思考如何搭配练习方法、如何提升阅读教学趣味，帮助学生优化自身认知资源的配置，真正成为一个成熟的英语读者。

3.6 图式理论在英语阅读中的实证研究

3.6.1 实验设计

3.6.1.1 实验目的

本实验的目的是验证在大学英语阅读教学中运用图式理论是否可以帮助学生有效提高阅读能力。通过学生前后两次阅读测验的成绩来分析图式理论是否对阅读能力的培养有着积极作用，并通过数据分析找出图式理论在阅读教学中的优缺点。

3.6.1.2 实验对象

本次教学实验的研究对象为沈阳建筑大学非英语专业 2018 级 B 班笔者任教的两个班级的同学。2018 级全体新生在入学时均接受了英语摸底测试，根据成绩将 60 分（含 60 分）以上同学分入 A 班，60 分以下同学分入 B 班。笔者挑选了笔者任教三个班中的两个班级来进行实验。首先，这两个班人数相近，一个班 52 人，另一个班 54 人。实验数据采用入学摸底考试的阅读成绩和第一学期期末考试的英语阅读成绩作为对比。实验对象分为实验班（B1 班 52 人）和对照班（B2 班 54 人）。实验班采用图式理论指导下的阅读教学法进行教学，对照班仍然采用常规教学法，一学期以后对照分析两组学生的两次成绩的数据，验证是否达到预设的实验结果。本次教学实验是在 2018 年秋季学期进行的，实验的主体教学部分持续 16 个教学周，随后进行考试及数据分析等，实验时间一共持续6个月。

3.6.2 实验过程

3.6.2.1 前测

2018年9月，2018级新生在入校后接受了统一的英语摸底测试，以便对学生进行分班教学。题型分为听力选择、阅读、完形填空、写作四部分，总分100分，阅读分值40分（试卷见附录2）。阅读均为单选题，采取答题卡涂卡机器阅卷方式，保证成绩公正和准确。实验班（B1班）和对照班（B2班）两个班的入学摸底测试中的阅读部分分数相近，B1班平均分为25.42分（具体成绩参见附录4），B2班为25.44分（具体成绩参见附录5）。

3.6.2.2 实验实施过程

1. 总体思路

两个班级使用的教材同为上海外语教育出版社出版的由季佩英、冯豫主编的《全新版大学进阶英语综合教程》第一册，均由笔者施教。根据笔者所在学校的课程安排，两个班级每周的教学课时和学期总课时量相同，由于这两个班均为听力实验班，每周只有2学时英语读写课程，教学进度、作业数量基本一致。在控制了其他变量的情况下，本实验的自变量为教学法：对照班以传统的语法翻译法进行课文教学，实验班则强调图式的激活、构建和积累，利用图式理论指导教学过程。

2. 研究工具和方法

本实验是以《大学英语进阶英语综合教程》(第一册) 五个单元中的课文内容以及难度标准来落实阅读教学设计和实施的。每个单元由 3 篇文章组成，课堂上教师和学生一起完成 Text 的学习，Reading 1 和 Reading 2 为课后学生自学完成，主要锻炼学生对阅读策略的实际应用，以及对本单元主题知识的补充与复习。具体课文内容如表 3－1。本研究主要采用问卷调查法、访谈法及对比分析法。

表 3－1

单元	主题	Text	Reading 1	Reading 2
Unit 1	The pursuit of dreams	Deaf DJ	Janitor Filipaj, the dream pursuer	From the "American Dream" to a "Chinese Dream"
Unit 2	Freshman year	All grown up and still in tow	Learning to make a difference	Universities encourage new students to go it alone
Unit 3	The stories of Nazi Germany	The "perfect Aryan" child	The youngest corporal in the Nazi army	Saved in Shanghai
Unit 4	Meeting statesmen	Li and me	Oprah talks to Nelson Mandela	We shall fight on the beaches
Unit 5	The water problem	What's the world to do about water?	Global water scarcity	China's water situation

3. 基于图式理论的阅读教学设计案例

教学对象：实验班 (B1 班)

教　　材：《大学英语进阶英语综合教程》(第一册)

教学内容：Unit One The Pursuit of Dreams

Text：Deaf DJ (课文见附录 6)

教学时长：2 课时，90 分钟

教学目标：

1. 从语言及语篇上完全理解文章；

2. 掌握生词并理解长难句；

3. 讨论自己的梦想及实现梦想的方法；

4. 了解口语与书面语的差别；

5. 练习写出围绕中心句发展的段落。

教学过程：

第一部分：导入新课（激活与建立图式）

1. 头脑风暴（15 分钟）

热身阶段教师布置讨论问题：以国内的钱学森及国外的乔布斯为例，举例说明两位成功人士的主要事迹及其贡献。并分析二人在实现个人梦想的过程中有什么共同点。继而引申出如何才能成功地实现梦想。

学生对于钱学森及乔布斯的事迹及贡献介绍多半只是一知半解，往往停留在一句话简介。教师可提供英文文献供其参考，从中总结出主要事迹及其贡献。之后将二者进行对比分析找出共同点，进而总结出成功者的共同特征。采用头脑风暴的方式能让学生们互相学习，扩充自己头脑中已有的内容图式。教师的一步步引导有助于学生将信息进行梳理与归纳，融入头脑中已有的图式中。

2. 展示图片及视频（5 分钟）

介绍文章主题及主人公：一位听力障碍者成功地成为一名 DJ，实现了几乎不可能实现的梦想。

DJ 这项工作对于一些学生来说很陌生，通过图片及视频让学生了解这项工作的主要内容，这样学生就明白为什么对于听力障碍者来说这项工作几乎是不可能的，也对文章的具体内容产生了期待。这一部分是为了丰富学生头脑中的内容图式。

3. 相关词汇介绍（10 分钟）

向学生展示 DJ 工作及乐器相关图片，并介绍相关词汇及表述方法。

由于主人公从事的工作涉及一些专业设备及动作，因此首先要排除语言图式的障碍，向学生展示图片，引入汉语来帮助理解，进而讲授对应英语，帮助学生建立新的语言图式，并为后面的课文阅读做准备。

第二部分：阅读课文，完成练习（运用认知策略）

1. 第一遍阅读（15 分钟）

第一遍阅读为略读。教师为学生设置相关问题：找出文章中和时间相关词汇及表述，找出文章发生发展的背景、冲突、发展及结局。

学生完成阅读之后，教师通过提问将学生关于时间相关的词汇总结出来，继而总结出这篇文章是按照时间发展顺序描写的一篇记叙文，激活学生头脑中关于英语记叙文“六要素”的形式图式。

2. 第二遍阅读（15 分钟）

第二遍阅读为寻读。教师设置具体的阅读理解题目，需要学生快速地回到原文中找到答案。

具体题目如下：

a. How did Robbie become deaf?

b. How did people in the club feel when Robbie told them he was deaf?

c. What does he do to help him to hear when he deejays for a show?

d. What does the word "visually" most probably mean, judging from the context?

e. What does he love about deejaying?

在第二遍阅读前，教师要引导学生根据问题使用正确的阅读策略，复习寻读的要领，以便找到正确答案。

3. 第三遍阅读（15 分钟）

第三遍阅读为深度阅读，主要是为了了解文章的写作手法、文体风格等。以本单元为例，这篇文章是一篇访谈文章，内容经主人公口述后由作者编辑整理，因此文章保留了大量的口语词汇及英语习语。在第三遍阅读时，教师指导学生找出口语词汇，并激活头脑中已有语言图式，用以前学过的书面文字来对这些词汇及词语进行同义替代，将这些口语词汇和头脑中已有的语言图式产生关联，从而吸收新知识和扩充原有图式。接下来为了让学生来感受口语与书面语的差别，将几句书面表达句用口语方式表达出来，以加深口语书面语差别的印象。最后总结本文的文体特征，为角色扮演活动做铺垫。

第三部分：阅读后练习（15 分钟）

1. 角色扮演：同桌之间一人饰作者，一人饰主人公，以采访的形式重现文章内容。这一任务能够帮助学生总结复习已经学到的内容，主要是为了巩固学生的语言图式及内容图式，帮助学生对本课新知识、新信息进行重新梳理，以便更好地扩充原有图式。

2. 单词连线：将本课所学重点词汇短语列于左侧，以前学过的词汇短语列于右侧，根据词意进行正确连线。本活动主要为巩固学生的语言图式。

3.6.2.3 后测

本次实验的后测数据来自实验班和对照班2018年秋大一上学期期末考试中的阅读部分成绩。2018年秋期末考试试卷满分为100分，共分四个部分：听力选择、阅读、完形填空和写作，其中阅读分值40分。在实验期间，实验班与对照班在学期末均采用同一份试卷进行后测，并对考试成绩进行统计。后测主要考察：实验班和对照班的阅读测试成绩是否存在显著性差异，即图式理论在大学英语阅读教学中的应用是否有效。

3.6.3 实验结果

实验班（B1班）实际参加考试人数52人，对照班（B2班）实际参加考试人数53人（一人因病缓考），期末试卷阅读部分的成绩分别为：B1班平均分为25.65分（见附录4），B2班平均分为24.38分（见附录5）。实验班（B1班）阅读成绩略高于入学摸底考试成绩（25.42分），对照班阅读成绩略低于入学摸底考试成绩（25.44分）；实验班阅读成绩高于对照班阅读成绩。

3.6.4 实验结果分析

通过分析前测数据和后测数据，我们得到以下结果：实验班与对照班的前测成绩不存在显著性差异，但两个班的后测成绩存在显著性差异，对照班成绩较前测有所下降，而实验班的后测成绩高于对照班，且高于实验班前测成绩。这说明在进行教学实验之前，两个班学生的阅读水平基本持平，但在为期一学期的实验后，运用图式理论指导英语教学的实验班的考试成绩比采用传统教学法的对照班的考试成绩提高得更为明显。由此可以看出，相较于传统的阅读教学法而言，结合图式理论的大学英语阅读教学设计在提高学生的阅读能力方面更有优势。因此图式理论指导的大学英语教学值得推广。

具体涉及阅读理解的题型我们会发现，关于阅读理解中的主旨大意题，细节题和猜测词义题，实验组都有了一定进步，细节题进步较大，主旨大意题和猜测词义题进步较小，说明经过训练后学生看文章更加细致，阅读策略的应用更加灵活。但对于更考验思维能力的概括文章大意和根据上下文猜测词义的能力则需要进一步培养。在细节题方面，可以直接在文中找到答案或需要简单推理的题目得分较容易。但是判断句子描述是否正确的题型得分较难，其原因是：一方面，判断句子对错题本身理解题目较难，选项的四个句子都需要理解；另一方面，需要一定的推理能力，要对每一个句子进行判断推理。针对这种题型，可以从做题策略方面加强训练。先读题干，采用寻读的方式，在文中将相关信息点勾画出来，并在不一致的地方做好记号，训练学生习惯拿笔阅读，带题阅读。主旨大意题考查学生对全文的理解和概括能力。对全文的整体理解在平时的阅读教学中已经得到强调，而在做题时针对这种题型可以强调对各个段落的理解。引导学生概括段落大意，并看哪个选项可以涵盖大部分段落的含义。主旨大意题有时也体现为选择最适合的文章标题。教师可以引导学生根据文章的体裁，选择合适的题目。例如对于幽默故事，题目一般是一句意味深长的俏皮话或者与文章笑点相对应的表述。对于说明文，则应该选择最全面，最能概括说明对象的题目等。

对于猜测词义题的训练，一方面，可以引导学生看前后文语境来猜测；另一方面，可加强学生的语言图式。对照组在这两个题型上的平均得分有所下降，按照成绩分布看，这两题班级英语前 10 名的学生得分有一定进步，但班级后 10 名成绩较上次测试没有明显改变。一方面，是由于经过一段时间的学习，班上两极分化更加严重，英语基础较差的学生，词汇量不够，对文章的理解已有困难，对于考验思维能力的题无从下手，导致这两题失分严重；另一方面，是由于学生掌握全篇的能力训练不足。

除此之外，后测还有一个意料之外的结果，对照班的阅读成绩较前测有了退步，整个班级的英语成绩均偏低，缺少高分段同学。这也反映出了当今大学英语课堂的一个问题，学生的学习动力不足，对与高中“同质化”的英语教学缺少兴趣，懈怠情绪严重等。这也给大学英语教师敲响了警钟，大学英语教学的改革势在必行，关键是明确如何改，改什么，才能真正提高学生的英语水平。

3.6.5 实验对英语阅读教学的启示

基于上文的实验结果，我们证明了在大学英语阅读教学中运用图式理论指导教学设计，能够有效地帮助学生发展英语阅读能力。但是，想要进一步提高阅读教学效率，大学英语教学课堂还需要在不同的方面进行升级与完善。下面我们将结合本书的研究案例和实验结果，结合学生在访谈中的回答（访谈问题见附录 7），从以下几个角度谈一谈如何更好地完成英语阅读教学。

在访谈中，学生们感觉到图式理论指导下的大学英语学习让他们能够从语言的整体上来把握课文，而不再是单纯注重于语言点注重于片面的语言学习，跳出了只抠细节的语言学习让学生们眼前豁然开朗。大部分学生对这种教学模式是接受的，但有个别语言图式基础差的学生一个学期下来觉得学习得很吃力，总有一种跟不上的感觉。这就要求教师在执行图式理论指导下的教学法时，要充分考虑学生的个体差异，在任务或问题设置时要考虑难易程度，要有难有易。

另外，教师的教学理念要有所改进。要对学生的阅读心理有所了解。图式理论指导下的英语教学要求以学生为中心，学生作为阅读的主体，其阅读时的心理状态将对阅读效果产生很大的影响。笔者在教学中观察发现，有些学生将阅读视为不得不完成的任务，并不具备主动获取知识的心态，这样的情况使得阅读理解大打折扣。因此，教师应该帮助学生调整心态，将被动阅读转化为主动阅读。当发现学生对阅读文章不感兴趣，甚至排斥阅读时，教师要及时与学生沟通，了解原因，并适当改变教学设计，以期使学生的阅读心理处于平稳健康的状态。

除此之外，还要调整教师的课堂角色。在传统的阅读课堂中，教师的主要教学活动为读前传授语言知识和读后讲解习题答案，而学生完成阅读练习的过程正是教师“休息”的时间。这样的观点是存在问题的。教师是学生习得英语的“帮助者”，帮助的提供应该贯穿于阅读的始终。学生在阅读文章时，教师应该不断地观察他们的动作和表情，记录学生阅读停顿的位置，预测可能出现的阅读难点。通过这样的方法，教师在阅读结束后能更好地接收学生的反馈，帮助他们巩固和完善已获取的图式。

仅仅依靠课堂上的阅读学习时间来建立英语的语言图式和内容

图式是远远不够的。由于畏难情绪和惰性心理，很多学生课后并不会主动练习英语阅读，因此教师要利用各种激励手段和奖励措施，以及各种线上或线下的阅读任务来增加学生的课外阅读量。促使学生积极主动地阅读更多的文章，进而发展英语阅读能力。

从笔者的教学实践来看，学生对于西方文化背景知识是非常感兴趣的，对内容图式的求知欲望还是很强的。教师可以根据课文来设计任务为学生引入与文化相关内容图式。举办特色文化活动也是一个很好的办法。教师可以结合每课的主题开展一些相关的文化体验活动，培养学生的阅读兴趣。从视觉、听觉、触觉全方位地建立新的内容图式。

还有一点值得教师注意的是，在实际教学中要运用多种教学方法，不能单纯地使用寻读、略读等方法，任何好的教学方法的重复使用都会使学生失去新鲜感，产生倦怠，从而影响教学效果。教师还要根据课文的语言、内容、体裁设置有效的、相关的教学方法，以便激活或新建语言图式、内容图式及形式图式。

3.6.6 研究局限性

第一，由于实验样本量较小，且男女比例并不均衡（男：女 = 10：1），生源地差别较大，这些因素都可能影响实验结果，因此代表性不够广泛。

第二，由于时间所限，实验周期较短，只有一学期 16 周教学周的时间，实验设计、实验过程和实验结果都有些粗糙简易，可能会存在误差。

第三，虽然阅读了大量的文献资料，但笔者的能力水平有限，对于图式理论的理解还不够成熟，个人力量有些薄弱。

第四，由于是大班授课，还要兼顾课时，所以有些内容难免会出现偏颇，或者遗漏。

笔者希望本研究能在高校的不同年级、不同专业全面展开，其结果会更有代表性、说服力和普遍意义，将惠及更多困惑于英语阅读低水平的学生，为社会提供更好的专业人才、国际人才和胜任职业挑战的人才。图式理论在阅读教学中的运用还有很多的含义，价值也非同小觑，作为大学英语教师今后更有必要进行此方面的进一步研究，帮助学生建立、完善图式网，遴选出适合大学生的图式模式，提高阅读教学效果，而激活学生已存有的图式，更是值得广大阅读教师考虑的研究话题，希望本研究能为相关的研究提供一些帮助。

4. 图式理论与英语写作教学

我国现代英语教育的重要目标之一，就是培养具有英语实际应用能力以及国际视野的人才，随着我国对外贸易、文化交流、旅游观光等国际交流活动的日益增加，社会就业岗位对英语水平的要求越来越高，良好的英语写作表达能力正逐步成为用人单位重要的考量因素。英语写作是听、说、读、写四项基本技能中的一项高级技能，是所有技能中最难掌握的。写作能力的高低不仅直接标志着学生英语综合运用能力的高低，而且也是衡量学生运用英语能力的一项重要指标，同时写作过程本身也是促进英语习得的有效途径。目前在国内外各种重要的英语考试中都会考察英语写作，且分值很高。英语写作的重要性显而易见，然而，作为听、说、读、写四项语言技能中最重要的一项语言输出技能，英语写作却一直是英语教学中的盲区，是多数学生英语学习中最薄弱的环节。这种现状显然极大地妨碍了21世纪我国高校复合型人才的培养。

4.1 学生的英语写作现状

以历届全国四、六级英语考试作文成绩来看，在1991年6月举行的全国四级英语考试中，全国高等院校学生写作平均分为5.07分（满分15分），我国重点院校学生作文平均分也仅为5.8分（胡美华，1994）。而根据全国大学英语四、六级考试委员会公布的2005年1月全国大学英语四级考试统计资料，全国高等院校学生写作部分平均成绩为6.7分，重点大学的作文平均分略高一些，为7.82分，非重点大学仅为6.61分，均低于试卷上其他四部分的平均成绩。数据表明，经历10多年时间，作文分数略有提高，这与10多年来我国对公共英语教学的重视分不开，与学生在英语学习上投入的时间与精力分不开。可是换一个角度来看，仍然有一半以上的重点大学学生的作文没有及格，就更别提非重点大学学习的情况了。以笔者所在的理工类高校为例，写作平均分一直徘徊于6分左右（满分15分），按百分制换算，即40分，尚未达到及格水平。进入高校的学生至少已有10年的英语学习过程，为什么英语写作却始终是弱项，很难提高呢?

笔者对本校2018级学生在入学之初做过一次关于英语写作现状的问卷调查（见附录8），发放问卷共计500份，收回有效问卷495份。从学生的反馈来看，63.5%的同学认为英语写作很重要，但是大部分学生表示在大学阶段更想提高的是英语听说能力，因此英语写作仅限于作业及考试，这说明学生对英语写作的重视程度不够。98%的同学认为英语写作很难，认为写作时常常无话可说，缺少论据。70%的同学希望得到英语教师的指导，说明学生缺乏写作策略方面的学习。问卷中55%的同学认为阅读对于写作是有帮助的，这说明很多学生对于阅读和写作的关系并不是太清楚，仅有31%的同学表示愿意通过加强课后的英语阅读来提高写作水平，而真正将阅读中学习到的好的表达方式及好的句子记录下来的同学只有11%。这个结果也许和学生们的英语阅读能力低下有着直接关系。问卷调查结果充分暴露了学生们在英语写作方面存在着方方面面的问题。

归根结底，英语作文的读者并不只是老师或同学，写作的潜在目的是英语习得者能与英语本族人士进行有效的沟通交流。可是有很多英语本族人读不懂我国学生写的作文，西方学者对中国学生的作文评价是“转弯抹角、华而不实、缺乏连贯性和逻辑性”。从图式理论的角度来看，这说明英语本族人在阅读中国学生写的文章的过程中，不能从文章所提供的线索中成功激活相应的图式，从而造成理解上的困难。这一评价提示我们英语教师在英语写作教学中应不只局限于语言方面的训练，更应该从文章布局谋篇、段落结构等方面使英语文章图式清晰化，帮助学生逐步建立和发展符合英语本族人思维习惯的文章图式，使他们的文章图式更加丰富和完善。

多数学生在英语写作时感到无从下手，无话可说，无章可循。写完一句之后，迟迟写不出下一句，只能反复重复一样的话，缺乏足够的内容或论据来证明自己的观点；有些同学虽然对于题目有自己的观点与想法，但却因为缺乏足够的英语写作技巧和能力而无法将自己的想法正确地表述出来，无法把自己的观点组织成一篇思路清晰的英语文章；尽管学习了多年英语，但他们的文章中却仍然会经常发现语法错误和结构错误。为什么会造成这些难题与错误？图式理论能够从全新的角度很好地解释这些难题与错误背后的原因。

在前面的章节中，我们已经了解到，语言图式是指学生头脑中已经储存的语法和词汇等语言知识，包括词汇拼写、语法变化、句子结构、标点符号使用等。语言图式是英语写作的基础，如果没有掌握正确的语言图式，那么学生就无法理解句子乃至整篇文章，无法形成语言输出，语言图式也可以理解为掌握内容图式和形式图式的基础。由于头脑中没有储存足够的语言图式，例如足够大的单词量和句型，所以学生在英语写作中经常重复使用一些大学之前学习的简单的词汇，例如，在表达“在我看来”时，多数学生习惯使用 in my opinion；表达“目前”，学生多半使用 nowadays 或 today；而表达“最后”，学生第一反应是 finally 或 at last。词汇与句式的匮乏导致学生写的整篇文章词汇简单、句型单一、平淡乏味。除此以外，尽管大学生在高中阶段已经学习了英语的所有语法知识，多数学生却仍然写不出完整无误的复杂句。作文中多以简单句为主，句子稍一复杂，就会出现主谓不一致、时态不一致等语法错误。但是反观考试中的单选题，学生往往语法题正确率很高，之所以出现这样的情况，是因为学生头脑中的英语语言图式并未成为体系，只是零散的知识积累，并未分层分类，这也是现在国内英语教育的弊端之一。学生从小学到中学的英语学习都是过度强调语言的细枝末节，没有教授学生高屋建瓴地看待一门语言，没有教给学生整体的语言观。

造成学生学完的语言图式不完整、不系统、杂乱无章。由此可见，想要提高英文写作水平，语言图式的建构与丰富是必不可少的。但是一些教师单一强调语言知识的学习，忽略内容图式和形式图式，这也是片面的做法。

内容图式是指包括事件内容、价值观念和文化准则等的知识图式，是与话题有关的背景知识或社会文化知识（Carrell & Eisterhold, 1988）。内容图式范围广泛，包含多方面知识。学生在议论文写作时往往感到对自己的论点无话可说，无从下手，论证不足，究其原因就是关于相关内容、英语文化背景的内容图式建构的不够充足完整。是否能写出一篇内容丰富、论证充分、有理有据的文章，首先取决于学生是否在头脑中已经存储了与该话题相关的背景知识即内容图式。缺乏足够的内容图式，就会出现写作中语言空洞，只会单一重复的现象，写出来的文章没有说服力。当前学生作文普遍存在的问题有思维混乱、主题不明确、内容不充实（顾雅楠，2010）。这都是因为学生写作时头脑中缺少相关内容图式，或者没有激活已有的相关的内容图式。因此教师应该在平时的教学中注重内容图式的积累、建构与激活。

形式图式主要是指文章体裁和篇章结构等方面的知识，例如文章类型和体裁，不同类别的文章有不同的篇章结构，具体表现为修辞手法、结构和语体方面的差异。文章的体裁不同，自然会有不同的文章结构和框架，语言风格也会相差甚远。在英语写作中如何让文章的结构富有逻辑性，更加流畅和连贯，是学生必须掌握的关于文章组织结构的知识。形式图式主要就是在阅读活动中经过无数次的同化和顺应逐步建构和完善起来的（周遂，2005）。中国学生在进行英文写作时，往往不重视篇章结构方面的知识，整篇文章没有主次，没有逻辑，只是单纯地把想到的语句罗列铺陈。构思时，不善于用提纲策略，写到哪儿算哪儿，内容涣散，空洞无物。学生的作文内部缺少关联，只有个别学生会想到用个别连词或短语来起到承上启下的作用。对于我国高校学生来说，如何写出流畅连贯、风格恰当的英语文章是一个难题（陈婧，2011）。因此，学生有必要建构正确的英语文章形式图式，以便在写作时正确应用。

综上所述，学生在英文写作方面的问题都可以运用图式理论找到其深层原因。写作不仅仅是简单的书写过程，是头脑中已有的三种图式同时被激活调动所产生的语言输出，是复杂的创造性思维过程。因此，在未来的教学中，教师应该思考如何能够更有效地帮助学生建构更多的新图式，如何帮助学生在写作时激活并提取出头脑中已有的图式来完成写作任务。

4.2　写作教学的缺陷

写作教学之难在外语教学界是公认的。老师教学难，批改作文难，学生在写作上的进步也难。英语写作教学一直没有受到应有的重视。近几年，随着“打破哑巴英语”的呼声越来越高，人们普遍开始重视学生听说能力的培养。英语听说作为语言的交际能力被放到了突出的位置。这样，就给人们造成了错觉，认为英语听说才是最重要的。而学生们经过了 10 多年的英语学习，厌倦了读写学习，迫切要求提高口语表达用于实际交流，对听说更加重视，这就形成了英语写作被冷落、被忽视的大环境。

从课程设置方面来看，严格来说，我国目前多数高校对于非英语专业学生都没有开设专门的写作课，只有英语专业有专门的写作课程，而在中学阶段，写作也只是作为作业任务由教师布置下去自己完成。因此非英语专业的学生基本上没有接受过系统的英语写作训练，学生对于英语写作方法的积累很多来自汉语作文写作的迁移。例如，关于议论文的写法，学生们倾向于总—分—总的“三段论”，这种结构概念来源于汉语文章阅读的总结。英语专业的学生尽管教学安排中有英语写作这门课，但是课堂上教师也仅仅是单纯进行写作技巧与策略的讲授，然后布置写作任务让学生自己完成。

从教学安排来看，绝大部分的公共英语课时都用在与课文相关的单词难句讲解与课文理解等内容上，教师的讲授重点还是课文、词汇、语法和课后练习，再加上大学英语课时有限，目前全国高校英语课时又都面临缩减课时的压力，课堂上更没有时间来专门进行英语写作教学，写作成了大学英语教学中可有可无的内容。

从现在市面上流行的几种大学英语读写教材来看，教材内容通常都是以阅读为主，写作练习往往依附于读写教程，被安排在课文及练习之后。以笔者所在大学使用的上海外语教育出版社出版的《全新版大学英语综合教程》和《全新版大学进阶英语综合教程》为例，每个单元有三篇文章供学生进行精读及课外阅读，写作往往安排在课后练习的最后一题，要求进行与课文主题相关的段落写作。这种单一的命题式作文对于主题探讨、词汇选择、篇章结构等没有任何提示，达不到启发学生运用相关的阅读内容的目的。而且这种练习没有任何对写作技巧及知识的文字讲解，经常缺少示范段落，如果教师只是简单地将练习布置下去，学生往往机械地模仿，缺乏创造力和想象力，难以体会写作的成就感。而且写作技巧和知识散落在各课练习中，每课也只有最多一次的训练，学生很难将其融会贯通，灵活运用。而且，由于大部分课文的难度较大，学生的主要精力用来学习词汇搭配，理解课文意思，根本无暇顾及语篇模式等层面的内容。

目前学生进行英语写作的方式，主要是教师将作文布置为课后作业，由学生自己独立完成，教师通常的做法是：学习完课文，布置学生作文题目，规定最低词数，批改作文多是由老师一人完成。由于工作量大，经常是教师仅仅在错误的地方画红线、打分（采用四、六级考试的15分制或用A、B、C等级制），有时给出较为笼统的评语；过一段时间后发还学生作文。目前借助网络平台，教师也可以在网络上（例如批改网）或教学App上为学生布置作文作业，但是步骤并没有根本的变化。偶尔讲评，也以纠正语法错误为主。没有其他更加积极的反馈方式。而学生更改过的作文通常不会有教师的二次评阅。这种成果教学法指导下的教师命题—学生写作—教师批改的模式，不能有效调动学生的积极性，在很大程度上阻碍了学生创造性的思维和写作。另外，由于学生通常遇到的题目都是一些比较抽象、宽泛、甚至常常与学生实际生活毫不相关的题目，很难激起学生写作的兴趣和欲望，所以他们写出的文章也往往缺乏真情实感，长此以往，写作训练沦为为了写作而写，而不是为了表达而写。

由此可见，高校的英语写作教学缺乏计划性和系统性，课程设置不合理，课堂写作教学时间太少，无法进行循序渐进的训练，这些都使得写作技能一直以来成为学生英语学习中的“瓶颈”。

4.3 常用写作教学法

对于写作活动的本质，国内外众多语言学者都有精辟的见解。斯温纳（Swain，1995）认为："写作是人类一种高级认知活动，是逻辑思维和语言应用能力的综合体现。"杨永林（2012）也认为："外语学习不易，英语写作更难，究其原因，是因为写作能力的培养，不仅仅是一个外语水平的问题，还涉及逻辑思维、专业知识、文化素养、信息组织、语言表达等多方面的因素。"从上面的论述中，写作的复杂性和艰巨性可见一斑。

国外对于二语写作教学的研究已经开展了半个世纪之久，并取得了大量的成果，而国内关于二语写作研究尤其是大学英语写作理论、过程、文本、因素及教学研究近年来发展也很迅速。国外在写作方法研究上最多的是结果教学法、过程教学法、体裁教学法、范文法、社会—文化法、功能法、评论法、任务中心法和环境法等。而国内大学英语写作教学的主要方法为传统的"成果法"，近年来的"过程法"及最近几年兴起的本土"写长法"。

4.3.1 成果写作教学法

长期以来，成果写作教学法在我国大学英语写作中一直居于主导地位。成果写作教学法，通常简称成果法，该方法以行为主义理论为基础，将教学的过程看成刺激—反应的过程。是一种以教师为中心，以评改学生的最终成品作文为主的教学方法。此方法通常首先由教师提供范文，进行分析、讲解，学生对一些句法、结构及某种特殊的文体进行专门的训练，其次学生模仿范文写作完成写作任务，最后由教师批改、打分，对其词汇，语法句法的错误做出更正。它强调语言知识，如词汇、句子和连贯技巧等知识的正确使用，甚至被当作巩固语言知识的一种手段。这是一个比较传统的写作教学法。

成果教学法的优点在于，教师能够帮助学生分析和练习运用多种文体，使得学生在写作前就对文章的组织有一个较为清晰的概念，落笔时不会感到无所适从。然而这种教学法存在显而易见的不足：教学的重点放在写作的最终结果上；整个写作过程以教师为中心，课堂以教师的讲解为主，教学任务在教师的支配下完成；写作成了机械的输入和输出，学生自我发挥的余地不大，整个过程枯燥乏味；教师的工作量过大，要花大量的时间和精力批改作文；在这种写作环境下，学生们没有自由创作的空间，陷入一种只是模仿再现而不是真正写作的怪圈中。瑞姆斯（Raimes，1987）认为，在这种方法指导下的外语写作最终会妨碍作者的思想表达，同时它也不利于提高写作的流程性。

4.3.2 过程写作教学法

过程写作教学法是目前国内外比较流行的写作教学法。它起源于 20 世纪 60 年代，是在信息论、认识论、控制论以及各种语言理论和各种教学方法的影响下形成的一种写作教学法。过程写作教学法曾一度成为美国最有影响的写作教学法。它认为写作是一个循序渐进的过程，强调对写作过程的关注，把写作重点放在写作过程上，而不是像传统的写作法那样只关注语法、词汇和写作结果。认为写作过程实质上是一种群体间的交际活动，而不是写作者的单独行为。这种交互性的写作教学主要是训练学生通过书面进行真正的交际活动，把自己的思想传递给他人。学生在写作时，不仅要构思内容，而且要考虑所要达到的交际目的。过程写作法强调思维在写作活动中的意义，强调学生的主体意识和能动作用。因此，它改变了以往学生写作时片面强调修辞手法、语法结构以及机械模仿的倾向，把重点放在学生的交际能力和智能的培养上，提倡学习者之间相互合作，强调写作过程。此外，过程写作法认为，学生的写作并不是其单独行为，而是群体间的交际活动。

作为一种重视写作过程的教学法，过程写作法综合了语言学、心理学、社会学和认知学的研究成果，以交际理论为基础，体现了写作教学的本质，符合语言教学的发展规律（胡铁，2006）。过程写作法具备以下特点。

首先，过程写作教学法强调写作过程，提倡以学生为主体。过程写作法强调把学生视为课堂教学活动的主体，一切课堂活动组织和设计都是以学生为中心，要充分发挥学生的主观能动性。在这种教学法的指导下，教师在课堂上的责任是协助学生进行写作，教师不再是课堂的权威和主角，而是引导学生亲身参与到写作活动中。写作过程已不再像以前一样只是学生写、老师改的单向交流模式，而变成了师生及生生之间的双向交流活动。这就充分激发了学生的积极性、主动性团队协助能力。在这种教学方法下，能够使学生重点关注写作过程。

其次，过程写作教学法注重意见反馈和反复修改。在过程写作教学法中，比较重要的步骤之一就是意见的反馈和修改，其中包括同伴的反馈和教师的反馈，以及反馈后的修改。反馈是读者向作者的输入，它的作用是向作者提供修改作文的信息。及时、正确的反馈可以帮助学生在写作过程中做出及时调整，正确表达自己的思想。修改是在反馈的基础上进行的，所以学生能否写出好文章还在于反馈信息的准确性和及时性，以及学生对反馈信息的理解和吸收能力。在这种写作教学法中，学生通过反复修改来提高自己的思维能力、认知能力和写作能力，从而达到提高写作能力的真正目的。

关于过程写作法的步骤，国外很多学者有很多不同的划分。罗曼（Rohman）提出把写作划分为三个连续的阶段的模型，即写前阶段，包括收集信息和构思；前写作阶段，写初稿；后写作阶段，自改和互改。埃米格（Emig）认为对作者写作过程有影响的包括：写作环境、写前阶段、草稿阶段、修改阶段、沉思、教师因素等，写作是一种连续不断的活动。威廉姆斯（Jessica Williams）认为过程写作法分为：输入阶段、写初稿、同学互评、写二稿、教师批阅、师生交流和最后定稿。可见不管从什么角度划分，过程写作法都重点强调写作的过程。

4.3.3 写长法

针对我国英语学习者在写作方面所面临的问题，广东外语外贸大学的王初明教授于2000年首次提出了外语教学中的“写长法”。王教授认为我国高校学生缺乏运用语言的真实环境，自然谈不上有很好的语言输出，从而造成英语学习动力不足和学习自信心的减退。写长法的基本思路就是针对学生学外语多年而不会运用的困境，以设计激发学生表达真情实感和写作冲动的任务为教学重点，在一定的学习阶段，顺应外语学习的规律，通过调节作文长度要求，逐步加大写作量，促使学生冲破外语学习的极限，由此增强学习成就感，提高自信心，将外语知识加速打造成外语运用能力。张法作为本土化的新兴的教学方法，这些年来越来越受到教学界有关人士的关注。

“写长法”主要基于以下外语教学理念。

1. 写长可以打开学习的情感通道，促进外语学习。情感因素在外语学习过程中起着至关重要的作用。学习态度、动机、自信、毅力、自我概念等情感因素决定外语学习最终是否取得成功。外语学不好的一个重要原因，是这些因素未能充分发挥积极的作用，或是学生出现了学习心理障碍，对自己的学习能力评价低，信心不足，导致半途而废。以写为切入点易于克服心理障碍，使学生尽快进入英语学习状态。“写长法”是建立在满足学生情感需要之上的一种外语教学方法。为提高学生的自信心，有动力去写长，教师应以肯定学生的习作优点为主，不纠缠习作中的错误，尤其是语法错误。通过大量接触语言的正面输入，随着英语水平的不断提高，许多错误会自行消失。

2. 外语技能是学出来的，不是教出来的。“写长法”强调以写的方式去学外语，即以写促学（write to learn），淡化学习写作（learn to write）。写长法不刻意追求教学和学习内容的系统性，而是强调学生体验学写外语的过程，使外语能力得到充分的锻炼。教师要在任务设计上下足功夫，为学生提供一个操练外语的平台，让学生有内容可写，愿意写，能够写，写得长，以长促学，以量促质，由此去拓展外语能力，产生成就感。

3. 写长可以加快知识向运用层面转化。根据斯温纳（Swain，

1995）的输出假设，学生在理解语言输入时并不需要太多的句法分析，但包括写作在内的语言产出性运用有助于学习者检验目的语句法结构和词语的使用，促使语言运用的自动化，有效达到语言习得的目的。当学习者用英文表达意思时，不得不主动调用已学过的英语知识，斟酌句法规则的运用，琢磨词语的搭配，掂量词句使用的确切性和得体性。通过写作，英语知识不断得到巩固和内化；学习者具备了这种内化的英语能力，阅读和听力便可得到改善，口语也有可能很快跟上，因为语言听、说、读、写技能有一个共同的根基，即深层语言能力。此外，写长有助于加速培养我们对语句的审美能力和敏感性。

4. 写长可以帮助学生超越自我，开阔思路，挖掘学习潜力。写长是相对每个学生目前的外语表达能力而言，在一定的时间内，接近其写作能力极限的长度便算长。写长法根据学生的语言能力变化，调节写作长度要求，逐渐加码，让学生每次多写一些，不断超越自我，使每个学生的潜力发挥出来，而不是像应试训练那样，限制作文词数，束缚思想，扼杀创造力。写长只是一种学外语的手段，不是最终目的。能够写出精练短文者，必然经历过写长、写泛的阶段。写长只是让学生借助“长文”这个平台，充分释放学习潜力，开阔思路，磨炼外语基本功。“写长”具有顺应性、过渡性、阶段性的特点，顺应此学习规律，可以提高外语学习效率（王初明，2002）。

当然，语言的教学中没有哪种教学方法是万能的。教师应该根据不同的教学对象，采用多种教学方法。对于那些基础差的学生来说，在英语写作之初，要求学生学习一些词汇、句型可能比盲目地要求他们“写长”更有效。

4.4 图式理论与二语写作

通过前面章节的介绍，不难理解在我们写作的过程中，语言图式、内容图式和形式图式均有参与其中：语言图式是英语写作的基础和前提条件，内容图式主要解决的是写什么的问题。形式图式则主要解决的是篇章布局如何写的问题。头脑中的语言图式、内容图式、形式图式越丰富，英语知识储备越丰富，就越有利于英语写作。

语言图式是指头脑中已经存在的语言知识和语言运用能力，是关于词汇拼写、语法变化、句子结构以及标点符号使用等方面的知识。语言图式是所有学习活动的基础，在英语学习中，如果没有足够正确的语言图式，学生就无法识别和理解文章中的词汇、短语和句子，理解整篇文章更是无从谈起。同时，语言图式也是调动相关内容图式和形式图式的基础，“对于第二语言读者来说……要激活有关图式……必须要有一定程度的语言能力”。(Carrel & Eisterhold, 1983) 由此可见，要想提高学生英语写作的语言使用能力，除了要充分激活学生头脑中的语言图式之外，还要在日常教学中尽可能帮助学生不断积累建构更多的语言知识。

内容图式是关于价值观念、实际知识和文化准则的表征体系，是指与话题有关的背景知识或社会文化知识（Carrell & Eisterhold, 1983）。具体地说，内容图式是指有关世界事物、事件内容的百科知识，文化方面的图式也归纳为内容图式。不同文化背景下、不同国家的人很难了解相互的文化图式。这也正是读者和作者在阅读外国文献或进行二语写作时要努力克服的因素。

大学生英语写作通常要求学生根据指定话题，运用自己头脑中关于这个话题的已有知识，通过组织语言写出自己的观点。在写作时，对一个话题是否有话可说，能否说出自己的观点和想法，能否写出内容丰富、有理有据的文章来，首先取决于头脑中是否已经储存与这个话题相关的背景知识，也就是内容图式；其次取决于头脑中已有的内容图式是否被充分的激活提取。

形式图式是关于文章体裁和篇章结构组织差异性方面的知识。也就是指不同类别文章所特有的篇章结构。形式图式具体表现为修辞手法的不同、结构的不同和语体的差异等。不同的文章体裁形式就会有不同的文章组织结构和不同的框架，特定的文章内容通常需要特定的表达形式来实现。形式图式还包括怎样使文章结构更合理、更有逻辑，以及更流畅、更连贯等问题，是学生必须具备的关于组织文章宏观结构的知识，是文章的大体框架。对于把英语作为外语来学习的中国学生就很有必要了解这些写作方式的不同点，以便在写作时正确运用。

在大学英语写作教学中，要构建学生的写作知识图式，并以合适的方式来刺激、激活它，这样可以激发学生的写作欲望，使写作过程成为一个学生主动参与的过程。具体这三种图式在写作中发挥怎样的作用，又是如何发挥作用的呢？笔者试图从以下四个方面阐述。

4.4.1 图式与写作构思

构思是指作者在产生写作动机之后，到形成文字之前，从内容到形式两方面孕育文章的一系列定向的创造性思维活动。是作者在头脑里构建一篇文章的心理图式的过程，大体可分为选材、立意、布局、遣词造句等。构思在整个写作过程中是最重要的一环。“笔未动而意先行”说的就是在写作之前必须经过周密的构思。构思的实质就是激活头脑中相关的语言图式、内容图式及形式图式，调用和题目相关的图式内容，具体而言，学生在文章构思的过程中，对头脑中的材料作进一步的扩充、延展、分解和组装，使之有序化、凝聚化、最优化，对已有的图式内容要进行精选题材、提炼主题、设计人物、编制情节、安排结构及探索最适当的表现方法等。在英语写作中，有些学生往往无法构思出一篇完整的作文，这并不一定是说他们头脑中的单词、词组、句型等语法知识储备不足，事实上，他们脑子里缺少的并不一定是写一篇文章所必需的一些陈述性知识。如果学生面临作文任务一筹莫展，其大脑中的问题中心图式一定缺少某一类知识，或尚未形成某种必需的知识结构。这里的问题中心图式指的是围绕本次作文任务组合起来的一组知识。

作文能力不同的人在进行作文构思时，在大脑中保持的问题情境也不同，对作文毫无灵感的学生，不知道从何写起的学生，就说明他们大脑中缺少如何构思此类文章的图式。

4.4.2 图式与文章框架结构

二语写作的读者不应只是教师，而应该是目的语的母语使用者，二语写作的目的是二语学习者能和母语使用者进行有效的沟通交流。在很多情况下，我国大学生写的文章让英语母语使用者读起来如坠云里雾里，看不懂文章甚至单句所要表达的含义，理解非常困难，说明文章提供的图式并不能激活母语使用者相应的原有图式。原因可能是学生在写作过程中只侧重于字、词句及语法，只是单纯堆砌华丽辞藻，即只注重了语言图式的丰富，不能从文章整篇布局这个角度构建清晰的文章图式，建立和发展符合英语母语使用者思维习惯的文章图式。

例如，西方人和中国人的思维方式是截然不同的，西方人是直线思维，中国人是螺旋形思维，体现在写作中，西方人喜欢开门见山地把中心句或主要意思置于文章开头，而中国人习惯于先陈述论据或理由，在结尾总结归纳中心意思。因此如果在英语写作中，按照中国人的思维习惯将中心句置于结尾，西方人在阅读这篇文章时，就无法掌握写作者想要表达的中心思想。因此，通过对形式图式的建构和丰富可以引导学生利用文章主题启用一个符合英语文章的整体框架和篇章结构，而且也可以帮助学生走出汉语的定式思维，写出符合英语母语使用者思维习惯的文章，使作者和读者在文本的理解上达到一致。

4.4.3　图式对于写作者创作的刺激

图式结构由具备知识本质的所有要点构成，在作者提取相关的要点后，会留下提醒作者创造细节的空白，在整个写作进程中，这种状况将会一直存在，具体地表现为构思、转译和修改三个阶段循环不断，从而刺激写作者的创作。同时在写作过程中，新的事物不断涌现，图式的结构能使新旧知识相互交集，在图式结构的空白处吸收新的知识，或对图式结构进行调整以适应新的状况，在不断的变化中，新的图式逐步形成，从而促进写作的创新。而图式促进写作创新并不是毫无约束，而是利用变量之间的内在联系推测出未知信息，也就是利用已知信息来对未知信息进行填充。

4.4.4 图式中的陈述性知识和程序性知识的作用

图式在二语写作的过程中提供两种知识，一是陈述性知识，是关于事实“是什么”的静态知识，是可以被人陈述和描述的知识，主要说明事物是什么、怎么样。陈述性知识比较容易获得。例如：作家、作品等文学知识，文章主题知识，字词句篇、修辞等基本知识；二是程序性知识，是关于人怎样做事、怎样进行某项操作的知识，是关于“怎么做”的动态知识，具有动态的性质。例如：如何遣词、造句、谋篇布局等和作者如何写作相关的知识。获得程序性知识要经过大量的练习。这两类知识全程参与学生二语写作过程，学生必须将这两类知识储存于长时记忆中，为写作提供丰富和必要的资源。如果为图式结构中提供丰富的陈述性知识资源，那么学生生成和提取文章主题和背景知识的速度就越快；如果为图式结构中提供较多的程序性知识，在写作中体现为关于如何写作的知识，就会使文章更易体现出一篇好文章的应有品质，如上下衔接自然连贯，整体把握良好，语言准确，字迹优美等。

程序性知识的特点之一是自动化，是条件和动作之间联系熟练化之后自然产生的一种机能。在写作方面，如果写作者能将词汇、语法、标点和修辞方面的技能变得自动化，那么就会降低工作记忆的负荷，为整篇文章的构思和对于文体的修改扩展出更大空间。

综上所述，图式结构中所含有的陈述性知识和程序性知识，即三种图式的知识对二语写作有着巨大帮助。如果写作者不具备这两类知识，那么要想成功地进行写作是不可能的。

4.5 以读促写

在写作过程中，要激活头脑中的图式，前提是头脑中已经存在了相关的三种图式。而与写作相关的图式要通过什么方式才能在学生头脑中建构呢？对于英语专业的学生来说，有专门的写作课，而对于非英语专业的学生来说，没有专门的英语写作课，那么唯一可行的方式就是利用有限的综合英语读写课来进行“以读促写”了。长久以来，阅读和写作教学被看作二语教学中两个不同环节而分开教学。事实上，阅读与写作既独立又相互作用。写作实际上是模拟阅读的过程，写作过程也就是模拟读者阅读的过程，而阅读也是模拟写作的行为。阅读和写作是两个相互交融的活动，二者相互依存，不可分割。阅读与写作无论在认知过程、认知方式还是课堂教学等方面都是紧密联系、相互促进的。要想有良好而流畅的语言输出，就必须要有大量正确的语言输入做前提。中国古人对此早有研究：“熟读唐诗三百首，不会作诗也会吟。”这一认知说的就是语言输入即阅读对于语言输出即写作的重要影响。可见阅读作为语言输入的重要手段，是内化的吸收过程，而写作作为语言输出方式，则是外化的表达。有了足够的语言输入储备，语言输出自然如行云流水一样。中国古语说：“读书破万卷，下笔如有神。”说的也是这个道理。

4.5.1 “以读促写”的定义

国外许多专家学者对“以读促写”都给出了不同的定义。

菲茨·杰拉德（Fitzgerald）和沙纳罕（Shanahan）认为，可以从教学和理论两个层面上来定义“以读促写”。前者是指在教学中把阅读与写作结合起来的具体写作过程，从理论上看，“以读促写”是指学习者在完成以上写作任务时所表现出潜在的能力。斯皮维（Spivey）从建构主义的角度来定义“以读促写”：阅读与写作的过程都可被视为建构意义的过程。意义的建构过程首先在大脑里形成计划，其次学习者寻找与脑海中计划相关或相对应的信息，结合大脑中已有的图式及已掌握的知识产生推理，最后描述出自己所读或写的观点。格拉贝（Grabe）则给出了以下定义：阅读与写作是两项相互依存、相互作用的语言技能。在这个过程中，采用什么样的阅读及写作策略是受学习者自身的目标、能力以及外在因素影响的。虽然对“以读促写”的定义各有不同，但是也可以看出这些定义的共性：把阅读与写作结合起来的方式主要应用在课堂写作教学或某项具体写作任务中。此外，其目的都是通过阅读来提高学生的写作能力。

而在我国，实际上“以读促写”的理念自古就有。“以读促写”在我国的主要表现方式是模仿性写作。从孔子的教育思想就可以发现其写作教学提倡“述而不作，信而好古”，所谓“述”就是“理解”、阐述他人的学说，“作”是基于“述”的创造性写作。朱熹对此曾解释：“述，传旧而已，作，则创始也。”在朱熹看来“述”易“作”难。孔子过分强调阅读典籍，认为这是一切的前提，即“不学诗，无以言”。由此开始，“读”被看作“写”的本源。之后，西汉辞赋学家扬雄认为“能读千赋，则善为之”。“善为之”即擅长写作文。宋代程端礼曾说过“劳于读书，逸于作文”。到了近代，我国著名的教育学家叶圣陶认为阅读的基本训练不过关，写作能力是不会提高的。实际上写作以阅读为基础，阅读与写作是一贯的，阅读得其法，阅读水平提高了，写作程度没有不提高的。老师教得好，学生读得好，才能写得好。他指出阅读是“吸收”，从阅读我们可以获取他人的经验，分享他人的感悟与心情；写作是“表达”，从写作中我们可以发表自己的看法。叶圣陶高度重视阅读与写作能力的发展，而且认为阅读是写作的基础，学生一边阅读一边积累材料、学习技巧，并以书面形式应用这些技能。张志公先生也曾提出：“要提高写作能力，必须多读，熟读，精读，……不要把读和写看成不相干的两码事，……作文教学也是需要改进的，主要的原则应密切地结合阅读教学，因为只有把语言的运用（写作）建筑在语言的吸收（阅读）的基础上，才能收到最大效果。”尽管叶圣陶和张志公针对的都是语文的阅读与写作，但是同样适用于英语教学，无论是汉语还是英语，都是语言，语言的本质是一样的。

4.5.2 “以读促写”的理论依据

那么到底如何做才能将阅读教学与写作教学有机地结合起来呢？如何才能把在阅读中所获得的知识有效地运用在写作中呢？一般认为，除了图式理论外，认知心理学的语言输入与输出假说也是以读促写模式的理论基础。

20世纪80年代，美国著名心理学家和教育家克拉申（Krashen）提出了语言有效输入假设。克拉申认为，阅读是提高语言能力的主要方式，人们获得知识就是靠接受可理解的输入性知识，也就是语言的有效输入。语言习得就是通过语言输入来完成的，因此教师教学的精力应该主要放在为学生提供最佳的语言输入上，以促进语言习得。二语学习者的大脑就像一个水杯，如果没有输入，水杯就是空的，就不会有任何输出。但如果我们给水杯足够的输入，水杯就会变满，并且有输出。那对于二语学习者而言，到底怎样的可理解性输入才是合适的呢？克拉申提出了著名的“i+1”原则，也就是输入略高于学习者现有的语言水平。“i”代表了学习者现有的语言水平，“1”代表学习者目前语言知识状态与下一阶段的差距。可理解输入的有效输入只能够是大于“i”小于“i+1”的水平。如果过高地输入就变成了“i+2”，如果过低地输入就变成了“i+0”，克拉申认为语言信息的输入既不能远远超出学习者现有的水平，也不能等同于其现有水平，过高或者过低都是不行的。语言获得者必须能够理解语言的含义时，才有可能转换成为自己的语言能力。对于中国学生而言，阅读是英语输入的主要方式。在英语写作教学过程中实施以读促写的教学方法，阅读作为输入的主要方式在一定程度上符合“i+1”的标准。

斯温纳（Swain）针对克拉申的“可理解输入”在二语习得中的主要作用，在经过自己多年对沉浸式教学的调查研究之后，提出了“可理解输出假设”，该假说也被看作以读促写的理论支撑之一。斯温纳认为，对于大多数英语学习者而言，只靠可理解性输入是不够的。语言学习包括两个部分，一部分是输入，另一个重要的部分是输出。斯温纳的语言输出假说是他针对克拉申的不足提出的。英语写作就是一种语言的输出，只有将阅读和写作紧密结合起来，写作水平才能随着阅读量的改变而提高。离开了“读”的输入途径，“写”的技能就成为无源之水。离开了“写”的输出，“读”就变得毫无意义。只有把输入和输出、阅读和写作结合起来，学习者的写作能力才能提高。所以，把阅读和写作结合起来，把输入和输出结合起来是很有必要的。

除了语言输入与输出理论外，在建构主义看来，写作与阅读理解都应被视为意义的建构、修整和形成的过程。阅读的过程不是让学生复制教师的思想，或是对课文内容的简单照搬，而是基于原有图式的再造。建构主义认为，学生通过阅读并研究相关的不同体裁的文章，不仅对如何写作有了深刻的认识，而且对要写什么也有了相当的把握。20 世纪 80 年代以来，阅读和写作领域的专家们发现，阅读和写作共同拥有关键性的认知机制，都运用一系列的心理过程对意义进行建构。费里斯（Ferris）认为培养写作技能的前提是完善阅读技能，读写都依赖于大量的阅读实践，写作课中阅读的作用是提供信息输入。因此，阅读所进行的大量输入对于英语的规范写作有着至关重要的作用。当学习者用英文表达意思时不得不主动调用已经学过的英语知识，斟酌语法规则的运用，琢磨词语的搭配，掂量词句使用的确切性和得体性。读写结合原则的实施要求将阅读技能和写作技能结合起来，进行同步训练，在教学中把传统的一般性阅读教学转变为有意识地为培养读写综合能力而进行的有效阅读教学；教师的重点在于怎样使学生完成对材料中语言知识的认知与内化，缩短语言知识和语言应用之间的距离（迟秀湘，2009）。

4.5.3 国内外“以读促写”的相关研究

20 世纪 70 年代，各种流派的写作教学法在国外逐渐盛行，例如，成果法、过程法、环境法等。以上这些写作教学法各有利弊，经过综合总结这些写作教学法后，芒西（Muncie）提出现代写作教学流派主要有两个：成果法和过程法，这两种教学法被广泛使用。随着对语篇语言学研究的深入，一些学者提出了他们对阅读过程的新理解。他们提出阅读是一项复杂的、双向的交流活动。当读者在读文章时，他们用大脑中的信息，即图式跟读者交流以透彻理解。这个观点得到了语言学家的关注，并使他们对阅读与写作的关系有了新的认识。在过去的20多年里，国外学者对阅读与写作的关系做了深入的研究，并试图找出其共性。皮尔逊（Pearson）和蒂尔尼（Tierney）认为当读者与其所读的文本及文本的目的建立某种对话关系时，读者所读的文本才有意义。这个过程与写作者通过其文章向读者传达意义是类似的。这些研究都表明阅读与写作是两个平行的、相似的过程，它们的共同特征都反映在认知顺序上（胡宝莲，2007）。有关阅读与写作的关系的研究对英语写作教学有很大的启示。沙纳汉（Shanahan）和洛马克斯（Lomax）对于“以读促写”的教学方式提出了三个理论模式，以第一语言的数据为基础来分析哪种模式具有可行性。分析结果显示，阅读与写作的关系应该是互动的而不是线性的，大量的研究表明，阅读能力强的人写作能力也很强，但是也有例外，尤其是在以英语为外语的情况下，很多学生虽然有很强的阅读能力，但是写作能力却总是跟不上。斯皮维（Spivey）和格拉贝认为，影响“以读促写”过程中写作任务能否成功进行的因素有很多。其中任务的具体要求和学习者自身的因素是至关重要的。而“以读促写”任务的复杂程度又会受到话题的性质，所用的阅读材料的数量和质量，学习者对文章的熟悉程度，文章的体裁、长度等因素的影响，但是有关对比不同任务中学习者的不同表现的研究不多。

有关“以读促写”教学方式的效果的实证研究也非常多。艾斯特霍德（Eisterhold）认为在写作课堂教学中，阅读是一种非常恰当的有助于提高写作技巧的语言输入方式，因为读者所阅读的文章可以作为学习写作技巧的一个模式。日本研究学者吉村（Yoshimura）对将阅读与写作相结合的教学方式效果做了实证研究，结果表明，此种方式对英语学习者的写作能力有积极影响，并且阅读相关的文章有助于提高他们的写作水平。

近年来，鉴于阅读与写作在英语教学中的重要作用，中国的广大学者和英语教师对“以读促写”也做了很多实证研究。在我国的母语教学中，“以读促写”被广泛地应用于写作课堂教学中。周小玲（2000）认为读写结合是一种非常有效的教学方法。他建议在此种教学活动中，学生要对阅读材料中的观点具有批判性的思维而不是简单的模仿。“以读促写”对学生学习的益处体现在以下三个方面：首先，对文本的学习有助于提高学生的认知能力和完善他们的思维方式；其次，通过对源文章的学习将有助于学生选材和组织写作材料；最后，他们可以从阅读中学习用恰当的语言形式来表达自己的思想（胡宝莲，2007）。在英语教学中，也有有关读写结合的研究，但是不多。谢薇娜（1994）通过选取被试者的专业四级分数对读写的关系做了一项研究。在此项研究中，阅读与写作分别作为自变量和因变量来测试他们之间的因果关系。结果表明，阅读与写作有着非常密切的联系：写作与阅读是相互模仿的过程。因此，教师在教学中可以把两者结合起来。朱菊芬和叶敏（1996）建议把写作技巧放到精读教学中去。她们建议通过寻找主题句，分析段落之间的关系，写出文章大纲等方式来帮助学生提高写作水平。周小玲（2000）对在阅读教学中培养学生的写作能力做了研究，但只是文献研究而不是实证研究。朱秀全（2005）通过分析写作和阅读的关系，发现学生可以通过大量的阅读更直接地掌握篇章结构，从而更有效地提高语篇分析能力，在写作时就能够把握各类文体的框架结构和写作技巧。徐浩和高彩凤（2007）认为，以读促写教学能够使学生的语法表达更准确，语言表达更流畅，能够促进学生的写作抽象思维能力的发展，从而切实地提高学生的英语写作能力。清华大学杨永林教授（2010）提出了基于“体验式”学习的“以读促写，以写促读”的写作教学方法，这种全新的教学方法为丰富大学英语写作的教学内容，实现师生动态交互，降低学生写作焦虑，增加有效信息输入量，提高写作能力，提供了一种具有可操作性的多元选择。

4.5.4 “以读促写”的必要性和可行性

首先有必要再谈一下阅读和写作的关系。认知心理学认为，一方面，阅读是信息输入的过程，写作是信息输出的过程，语言能力的提高是建立在大量的语言输入，尤其是大量的阅读基础之上的；另一方面，语言知识的输出又能有效促进语言知识的内化，所以阅读和写作是两项既相对独立、又相辅相成的技能（陈立平，2001）。没有经过广泛阅读的人，是很难写出真正的好文章的。我们可以这样来理解英语阅读和写作的关系，阅读的过程就是我们吸收知识的过程，而写作的过程就是我们释放知识的过程，只有吸收的知识足够丰富，我们才能在写作的过程中释放出精彩的内容。尤其是对于身在“象牙塔”的学生来说，写作来源于生活，但是学生的生活经验与体会不足，阅读是解决这一问题的主要途径。

而现实是，在目前我国的英语教学中，从初中到大学，英语阅读与写作严重脱节。正如前文所说，语言输入理论认为在第二语言或外语学习中，要使语言得以发生，就必须向学习者输入大量的可理解的语言，没有一定量的目的语的输入，语言输出就难以产生。目前英语写作教学的主要问题之一就是语言的有效输入问题。由于不能充分理解和调动语言输入，学生在写作过程中常感到无从下笔，反映在作文中会出现从语法到语篇方面的诸多问题。在目前的英语教学中，阅读材料没有成为有效的输入来源。前面已经谈到，由于没有单独的写作课，写作内容被列在阅读教材之中，更由于大部分时间都用来讲课文和词汇等，写作练习处于可做可不做的状态，大部分的写作都是以作业形式留到课后完成。

“以读促写”方法就是要强调将阅读和写作相结合，形成一种通过阅读促进写作技能的习惯。英语教师在开展英语教学过程中，更有效地借助英语阅读教学来帮助学生分析英语文章的脉络结构、语法使用、单词用法等英语写作中要用到的基础知识，以此来提高学生的英语写作能力。“以读促写”教学模式里的“读”就是教师在大学英语读写课上开展英语阅读教学中用到的文章，而“写”就是让学生把阅读教学中所学到的文章作为写作范文，用自己的语言和内容进行仿写。在开展阅读教学的同时，就能给学生的写作提供素材和思路，实现从阅读能力到写作能力的转化，阅读材料就成为开展写作教学最好的素材。以读促写这种模式可以有效地提高学生的写作能力，也能够符合素质教育的要求，提高学生对英语这门语言的实践应用能力。

在目前的大学英语教学过程中，教师比较注重最终结果的准确性，却忽略了学生在这个过程中真正的学习目标。在英语写作方面，教师通常会给出一个话题，然后由学生在课下完成，由教师批改学生的作文。我们对这种模式实在是再熟悉不过了。它的缺点是显而易见的。一方面，学生不能随意写，长时间的固定主题将会禁锢学生的思维。另一方面，老师主要是评判单词的拼写和语法，却很少评论内容、结构、组织和写作技巧。教师很少关注学生在写作过程中遇到的真正问题，不能及时提供必要的指导。此外，大多数学生在把作文交给老师后，就觉得万事大吉，不再理会结果了，而对于老师对作文的评价，如何评价不是很关心，这样的写作习惯和教学习惯，是无法促进学生的写作水平真正提高的。

而在“以读促写”的教学方法中，第一，学生并不需要花费大量时间做写作练习。因为在学习课文做阅读练习的同时，就是在为日后写作打基础。第二，通过这样的方法，会很容易发现学生写作的自信心在增长。学生会觉得自己有信心用英语来表达自己的观点。第三，通过阅读可以扩大学生的词汇量，重新锻造学生的句子结构和组成结构，丰富学生的语言图式，增强学生在使用单词和句子方面的能力。第四，学生可以更深入地理解阅读材料，同时扩大学生的知识量，扩大内容图式。第五，“以读促写”模式将提高学生对英语写作的兴趣，也激励着学生进行更多的写作创作。

另外，从目前国内的实际英语课时情况来讲，由于非英语专业没有专门的写作课，将写作教学依附于读写课的阅读之上是十分合理且可行的。

总之，“以读促写”的教学模式可以有效地提高学生的英语写作能力，可以为那些苦于在英语写作方面没有头绪的学生，提供一些有益的帮助。

4.5.5 “以读促写”的实施过程

在讨论“以读促写”教学模式的实际应用之前，我们首先来分析一下写作的过程。学生在拿到作文题目后，并不应该急于下笔，正确的过程应该是审题、选材、打腹稿、写作及修改这五个步骤。其中最重要的步骤是审题、选材与打腹稿这三个步骤。审题是写作中的第一步，看到题目后，学生应该确定文体，是记叙文、说明文还是议论文，这需要激活学生头脑中关于语篇的相关知识，即形式图式。之后要选取与题目相关的素材和背景资料。有些学生在写作时无话可说就是因为头脑中没有储存相关的背景与文化知识，即内容图式。之后，学生就可以打腹稿了。学生首先需要考虑文章的开头段和结尾段，其次是如何将各个段落间合理地衔接或过渡，也就是从全局来谋篇，最后再考虑具体的句子怎样写，挑选出恰当的词汇与合适的句型。可见，打腹稿是语言图式、内容图式和形式图式共同作用的过程。之后学生可以将作文誊写下来，最后再进行修改，这样一篇英语作文才算完成。

这个写作过程与前文提到的过程写作法不谋而合，过程写作法以交际理论为基础，以学生为中心，以学生的写作过程为教学重点，注重发展学生的思维能力和交际能力。在过程教学法看来，英语写作在本质上是以英语为工具去发现和挖掘意义，并将思想准确表达出来的复杂过程。学生只有有感而发，文章内容才能写得实在。过程写作法认为写作可以分为写前阶段、写作阶段和文章修改三个阶段。写前阶段是最重要的阶段，下笔书写初稿之前的一切活动都可以算作写前活动，文章写得好坏都取决于写前阶段的思考。在这个阶段，学生思考主题内容，收集资料，激发思维，编写提纲等（马新志，2010）。因此教师应该在课堂中对学生的写前阶段进行必要的指导，这样有助于提高学生的写作水平。那么在写前阶段教师应该怎样指导、指导什么呢？想要达到什么样的结果呢？怎样的指导才算是有效的呢？

英语写作是一个复杂的思维创造过程，按照图式论的观点，在大学英语的读写课堂上，当学生计划写作时，首先需要将相关图式激活。如果教师能够在这个阶段帮助学生激活头脑中已有的图式，那么将帮助学生解决诸如对文章题目一知半解、对题目无话可说和逻辑混乱等方面的困难。在构建文章结构时，写作者必须从长时记忆中将相关的图式激活。英语课堂不应该是教师填鸭式的不顾学生感受的教学，教师应该利用有限的课堂教学时间通过课文阅读学习将新的知识和学生头脑中原有的图式相结合，让新的知识与原有的知识融合，扩充原有的图式或者建立全新的图式。教师应该明确阅读的最终目的是让学生通过学习课文掌握新的语言图式、内容图式和形式图式，而不仅仅是认知几个单词、翻译几个长句那么简单。为了让阅读能够更好地为写作服务，写作应该尽量紧跟在阅读完成之后进行，趁热打铁，围绕课文的话题，或根据课文的体裁，让学生利用文章中的东西来进行写作。教师应该在写前阶段采取一定的教学手段帮助学生激活已有的图式，在写前阶段常用的教学方法有写日志、头脑风暴、编写提纲等。

除了充分利用课上时间外，要培养学生在课下时间用英语写日志、写邮件、发微信、写微博等，利用课余时间来记录生活中的点点滴滴，记录日常小事，把自己的所思所想随时记录下来，不拘形式，不限题材，这样有助于学生养成思考的习惯，同时激活头脑中已有的图式，尤其是语言图式，随着时间推移，思维就会变得越来越灵敏，同时储备了很多的背景知识，这些知识作为内容图式的一部分，与已有的图式相融合，在今后的写作中可以作为素材被再次激活；同时经常的写作能够提高学生写作的流畅程度，起到练笔的作用。学生在写日志的过程中不受任何限制可以天马行空尽情发挥，这样的写作较命题作文更加灵活随意，学生完全没有压力与顾虑，是十分可行的实用方法。

头脑风暴（brainstorming）又叫“思维风暴”“智力激励法”，或者“激发思维法”。由美国人 A. F. 奥斯本（Osborn）于 1939 年第一次提出，它是一种激发人们创造性思维的方法，是一种灵感的突然爆发，是无数个新奇的想法在头脑中被思考捉摸的心智状态。近年来被越来越多地应用于教学中，同样也可以应用于英语写作教学中。教师通常先给学生展示写作题目，之后将学生分成若干小组，通常每组由 4 ~6 人组成，大家就作文题目畅所欲言，说出自己的观点，通过小组协商、合作交流，最终达到激发思维的作用，激活头脑中相关的语言图式和内容图式，优化学生的写作效果。头脑风暴一般可持续 10 分钟左右，需要注意的是，学生的观点没有对错之分，只要能够用英语词汇或词组把头脑中闪现的与题目有关的细节、感觉、例子、想法和观点一一罗列出来即可（张华伟，2010）。希望通过这种方式能够调动所有的学生在这样没有压力的轻松氛围中说出自己的观点。学生不必关注自己的观点是否切题，敞开思想、调动思维才是最关键的。然后学生就这些奇思妙想进行整理、分析、归类，把相互关联的内容集中到一起，选出有价值的信息准备写作。每个人的思维方式与思路都不同，头脑风暴让学生能够互相学习，互相借鉴，开拓了自己的思路，扩大自己的认知，同时还能够扩大自己的词汇量，丰富自己的表达，对于建构和激活学生的语言图式和内容图式十分有效。

另一种常用的教学方法就是列提纲。很多学生没有编写提纲的习惯，往往是扫了一眼题目，头脑里还没有清晰的结构就下笔，这反映出学生急功近利的心理。其实编写提纲是写作的关键所在，它可以帮助学生明确体裁、理清思路、避免重复、防止遗漏等。在经历了头脑风暴之后，学生已经激活了相关的语言图式与内容图式，但是这些信息是零乱的，需要编写提纲把它们合理地组织起来。这也正是内容图式发挥作用的时候。一般来说，提纲由三个部分组成：导入、正文和结论。在每一个部分之下学生还可以继续标注各个层次的信息。同时学生应该考虑如何有效地在段与段之间实现连贯与衔接，这是国内大学生在写作中最欠缺的。如何写出流畅连贯、风格恰当的英语文章是学生写作中最大的难题（陈婧，2011）。学生通过编写提纲，可以逐步解决这个难题。

还有很多适合于写前阶段的教学方法，可以用来激活学生头脑中的图式，并帮忙建构新的图式。例如下面这种教学方法就能够激活学生的语言图式。教师给出写作话题，让学生思考，可以让学生根据话题进行自由联想，充分调动学生头脑中与话题相关的已有信息，可以让学生随意说出想到的词语，教师把学生说的词语写在黑板上，然后让学生根据这些词语说出能想到的短语搭配，再根据这些短语搭配说出与写作话题相关联的语句。教师还可以选择一些好的语句，或者有严重语法错误的语句写在黑板上，在学生完全说完之后，找学生来点评这些语句，并让学生修改语法错误。使学生更好地激活并调整语言图式。这个教学方法在实施的过程中要注意，教师要给学生充分自由，课堂保持一种轻松的氛围，通过各种方式，尽可能帮助学生打开思路，激活图式。让学生能够根据话题说出自己能想到的任何词汇，然后可以让学生根据自己说出的这些词汇组成一些有意义的完整的句子的活动，可以帮助学生激活和调整头脑中已有的语言图式，帮助减少写作时词汇匮乏、语法错误等语言运用方面的问题。

除此之外，教师还可以让学生观看一些与话题有关的图片、动画、视频等，从视觉、听觉各个方面，通过各种途径给学生以启示和刺激，激活他们的已有图式，为英语写作服务。在这一环节中，教师可以根据图片或视频内容设计一些与写作相关的问题，让学生思考后回答。这些问题要尽可能多地包含内容方面的信息，比如：视频或图片描述了什么问题或什么现象？你觉得这种现象是好还是坏？有什么好处？有什么坏处？你觉得产生这些现象的原因是什么？你觉得应该怎么面对这种现象？如果要解决这些问题，你觉得应该怎么做？怎么才能更好地发挥它所带来的好处，怎样避免它所带来的坏处？让学生思考讨论，最大限度地刺激头脑中与话题相关的背景知识。通过对背景知识的提取和激活，帮助学生在写作时充实写作内容，减少无话可写、主题不明确的问题。

当然，仅仅激活学生的现有图式对于信息的收集来说还是远远不够的，因为学生还有许多语言知识、背景知识和语篇知识没有掌握。因此，教师不应局限于激活学生的现有图式，还应帮助学生建构新的图式。

第一，要整合学生的零散知识来构建更多的有系统性的图式。

知识是逐渐积累的，学生在学习过程中很难将所学的知识系统化，所以学生头脑中大多数是比较零散的知识。这些零散知识占据了工作记忆的大部分空间，造成知识的提取和应用方面的困难，所以教师需要引导学生将零碎的知识分门别类进行整体化和系统化。例如，对于语篇衔接技巧的应用失误是因为对衔接知识掌握的欠缺，语篇的衔接是语篇连贯的不可或缺的条件。衔接技巧的正确运用能使文章显得自然和流畅。学生经过学习已经对语篇衔接有了基本的了解，但是对于衔接技巧的灵活运用还需要教师努力去完善学生大脑中的图式，并使学生在写作中进行不断的练习。

第二，教师应为学生提供一篇语篇连贯流畅的范文，由教师从中找出篇章中所运用的语篇衔接技巧，然后逐一讲解，根据范文，为学生布置相关练习。掌握之后，再要求学生根据教师所讲解的技巧来完成所布置的相关写作任务。

第三，通过添加文化背景知识来建构学生的内容图式。了解相关的文化背景对于引起读者的共鸣的重要性是毫无疑问的。在利用各种方法来丰富和积累文化图式的同时，学生的文化敏感性和文化认同感会得到增强。在二语写作教学中，教师要求学生通过阅读材料去观察和解释不同的文化现象。同时，教师应当向学生提出问题，如“作者的写作目的是什么?”“这篇文章的文化背景是什么?”“它有什么现实意义?”等。也就是说，学生通过分析文章的表层意义来理解它的深层含义。在这个过程中，教师让学生试图去了解作者的植根于另一种文化的人生态度和价值观。教师也可以采用中西方文化对比的方式来讲解与文化相关的内容，对比能够加深印象，帮助建构新的图式。在课后布置有关文化习得的作业也是一种有效和直观的建构文化图式的方法。学生可以通过作业活动来了解不同的文化现象，并且构建自己的相关内容图式。

第四，通过直接输入来构建形式图式。随着写作者写作知识的不断丰富，其在写作过程中所能选择的模式也越来越多。但是写作者们却经常忽视语篇题材，话语模式和句型等方面的技巧知识学习。造成这一情况的主要原因首先是阅读量偏少，其次是教师在教学中的忽视。所以在课堂教学的文章中遇到全新的语篇知识时，教师可以通过直接输入让学生们了解和学习此类知识，并构建形式图式储存于大脑中。

在写前阶段，教师进行指导是必要的，可以起到事半功倍的作用。对于没有英语写作课的非英语专业学生来说，写前阶段的教学必须依附于读写课程，以读写课程中的内容为基础和依托，教师根据每篇课文的实际内容，充分利用课文讲解来帮助学生学习如何分析文章，了解并掌握文章的篇章结构，以便使学生在写作英语作文时知道该怎样谋篇布局。教师应设计符合本单元教学要求或文体的作文题目，这样做同时有利于学生对新知识的理解和吸收。作文的完成也就是写中阶段，可以由学生自己在课后完成，之后通过教师评价或学生互评等方式对作文进行讲评。

以笔者学校曾经使用的读写课程教材，即《全新版大学英语综合教程》为例，教师在课堂上以该书本课文为基础，集阅读、思考、写作为一体对学生进行英语综合能力的训练，其目的是提高学生的写作意识和技能。阅读不仅仅是为了提高理解能力，更是为了写作服务。具体而言，就是将课文作为写作的范本和语言输入的来源和蓝本，在课文讲解与学习结束之后，教师设计一系列与写作相关的练习。例如：为了帮助建构语言图式，可以设计填空、连句、复述、改写、仿写等，从单词到连句，从连句到段落，难度逐渐加大，练习的目的在于提高学生对输入语言的理解和运用能力。如填空练习可以加深学生对一些关键词语的搭配，以及在具体语境中的运用情况的印象；连句练习可以使学生认识到过渡词的重要性；复述和改写则是从控制写作到自由写作的重要环节。总之，写作练习的设计应以有效的语言输入为目的，达到提高语言输出能力的效果，并体现了从控制写作到自由写作的过程。

在形式图式方面，教师应依托所学课文的文体与体裁，帮助学生建构新的英语语篇方面的图式。例如，《全新版大学英语综合教程》（第三册）（第二版）第一单元的主题是关于生活中的变化。课后的作文练习仅仅给出了两个题目：1） Which do You Prefer，Urban Life or Rural Life？2） Which One do You Prefer，High School Life or University Life？在课文讲解之后，笔者让学生先按照题目写了一篇作文。虽然有课文作为范例，但大部分同学并不能有意识地利用课文中的有效信息，很多同学还是感到无从下笔，第一段写出了自己喜欢的生活方式之后就无话可说，无法支撑或证明自己的观点，还有的学生写出的文章依然沿用老路子，并没有太多改进。之后，笔者设计了一系列的作文练习，让学生分层次进行训练。课文中的大部分段落是英语文章的典型篇章模式，即“主题句 + 细节”的段落模式，练习设计的主要目的是让学生学习和掌握这一篇章模式，写出言之有物并且合乎英语表达的作文。练习的模式如下：第一，根据课文内容回答问题。这是写作之前的阅读训练，既起到了阅读学习结束之后的复习与总结作用，同时又让学生再次熟悉了课文内容，在脑海中建立起一定的背景知识。背景知识可以激发学习者对主题内容的认知和重建。第二，词语填空练习。将段落中一些连接词和本课中关键词语的地方空出，要求学生在熟读课文两遍之后以默写的方式完成填空练习。这种练习可以很好地培养学习者的语言意识，让他们掌握词语之间的固定搭配关系，锻炼运用词语的能力，帮助学生建构新的语言图式，同时，学会使用正确的连接词和过渡句，语篇的连贯性差一直是高校学生写作的一个弱项，是亟须加强的地方，通过这种练习，让学生掌握写作过程中从词汇过渡到句子，再过渡到语篇层面的技能。第三，连句练习。把段落中的句子顺序打乱，让学生把打乱的句子连接成段。这个练习能让学习者体会如何将单句按照一定的逻辑关系发展为一个段落，有助于帮助学生提高语篇能力。第四，背诵和口头复述。在顺利完成前面几项任务的基础上，可以加大练习难度，挑选课文中一些代表性段落，让学生进行背诵或者复述。这是一种有效的语言输出式训练，有助于学生写作词汇的习得和巩固，帮助建立语言图式，同时可以增强语感，培养英语思维习惯，从而减少母语对英语的负迁移。第五，模仿段落写作。选出典型的段落进行段落分析，然后给出一个相似题目，让学生自己动笔写一个段落。为了让学生言之有物，激活头脑中已有的与题目相关的内容图式，教师可以运用上文提到过的头脑风暴的教学方法，让大家开动脑筋，集思广益，分享自己想到的内容，借鉴其他同学的思路，可以大大有助于拓展自己的写作思路。动笔之前，让学生锻炼用写提纲的方法来帮助自己理清写作思路。要求用到示范段中的关键词汇、句子结构、连词或者篇章结构等内容。通过上面这些练习，学生的第二篇写作与前一篇写作相比在词汇、句法、语篇结构、主题内容等方面都有了明显的改进。

在“以读促写”的教学中，读是手段，写是目的。让学生将其在阅读和分析中学到的知识运用于写作实践，从而形成在阅读和分析中学习和感悟语言文字及写作方法的习惯，在写作中学会运用语言文字来表情达意，运用所学的英语篇章知识来进行写作，形成一种让阅读与写作成为“连动”关系的良性循环。在实际的写作练习中，要注意循序渐进，从简单的语言和言语练习开始，逐步发展到内容上和语言上水平较高的作文。写作能力的提高不是一蹴而就的，是需要长时间的锻炼才能实现的。除了上文提到的一些教学方法外，还可以参考以下教学安排：重点词汇造句、看图写话、情景描述、按提纲写作文以及自由作文。与其他的教学一样，“以读促写”教学也是师生之间的双向活动，在这个过程中同样需要充分发挥教师的主导作用和学生的主体作用。其中，学生的积极参与才是关键。只有当学生接受了教师的知识并自觉从事阅读和写作实践时，才能逐步实现提高学生写作能力的最终目标。所以教师在设计教学活动中，也要预测学生的反应，设法让教学活动能够有效激活学生的学习热情，激发学生的学习能动性，这样教学活动才能发挥预期的作用。

4.6 图式理论指导下的“以读促写”的实证研究

4.6.1 实验设计

4.6.1.1 实验目的

本实验的目的是通过在大学英语读写课堂中以图式理论为指导

和依托，对学生的写前阶段采取多种教学方法进行指导，从而验证“以读促写”是否可以激活或建构学生头脑中与英语写作有关的语言图式、内容图式和形式图式，从根本上提高学生的写作能力。通过学生前、后两次英语写作测验的成绩来分析图式理论指导下的“以读促写”是否对英语写作能力的培养有着积极作用，并通过数据分析找出图式理论指导英语写作的优缺点。

4.6.1.2 实验对象

本次教学实验是在2016年秋季学期进行的，实验的主体教学部分持续16个教学周，随后进行考试及数据分析等，实验时间一共持续5个半月。研究对象为沈阳建筑大学非英语专业2016级新生B班笔者任教的两个班级的同学。2016级全体新生在入学时均接受了摸底英语测试，根据成绩将60分（含60分）以上同学分入A班，60分以下同学分入B班。笔者挑选了笔者任教三个班中的两个班级来进行实验，首先，这两个班人数相近，一个班人数为50分，另一个班人数为48分。其次，这两个班级的学生均来自理科专业，其英语水平，尤其是英语写作水平基本持平。实验数据采用入学摸底考试的写作成绩和第一学期期末考试的英语写作成绩作为对比。实验对象分为实验班（B1班50人）和对照班（B2班48人）。实验班采用图式理论指导下的“以读促写”理念来进行教学，对照班仍然采用常规教学法，一学期以后对照分析两组学生两次成绩的数据，验证是否达到预设的实验结果。

4.6.2 实验过程

实验主要由三个阶段组成，第一，实验前同时对实验班和控制班进行前测，了解学生现有的英语写作水平。进一步确定被试选择的合理性。第二，对实验班和控制班分别进行为时 16 周的英语写作教学策略的实施。对实验班在读写教程学习的基础上依据图式论设计更能帮助学生激活、建构、调整、巩固各种写作图式的教学活动；对控制班的英语写作教学没有变化。第三，实验教学结束后，同时对实验班和控制班进行后测，测试题目一致，检测两个班的英语写作水平在实验前后的变化，检验图式理论指导下的"以读促写"在英语写作教学中的运用是否能够提高学生英语写作能力。第四，收集实验班和控制班实验前测和后测所得数据，统计学生访谈记录及调查问卷，对本次实验效果系统进行科学分析得出最后结论。

4.6.2.1 前测

2016 年 9 月，2016 级新生在入校后接受了全校统一的英语摸底测试，以便对学生进行分级教学。题型分为听力选择、词汇单选、阅读、写作四部分，总分 100 分，写作分值 15 分，作文的评分标准与四级作文一致，具体评分标准见附录 9，作文题目见附录 10。测试结束后，两个班的试题均被密封，在不显示班级和姓名的情况下，由两位教师共同完成阅卷，以确保成绩公平与准确。实验班（B1 班）和对照班（B2 班）两个班的入学摸底测试中的作文部分分数相近，B1 班平均分为 7.48 分（具体成绩见附录 14），B2 班平均分为 7.46 分（具体成绩见附录 15）。

4.6.2.2 实验实施过程

4.6.2.2.1 总体思路

两个班级使用的教材同为上海外语教育出版社出版的由李荫华、王德明主编的《全新版大学英语综合教程》第一册，均由笔者施教。根据笔者所在学校的课程安排，两个班级每周的教学课时和学期总课时量相同，由于这两个班均为听力实验班，每周只有2学时英语读写课程，教学进度、作业数量基本一致。在控制了其他变量的情况下，本实验的自变量为教学法：对照班以传统的方法来进行写作教学，即将作文作为课后作业让学生课后完成；实验班则强调写作过程中三种图式的激活和构建，在完成每课的课文学习之后以本课课文为基础，利用图式理论来指导“以读促写”教学过程。

4.6.2.2.2 研究工具和方法

本研究主要采用了问卷调查法、访谈法和对比分析法。按照整体教学安排，本实验以《全新版大学英语综合教程》（第一册）前五个单元中的课文内容及难度标准来进行英语写作教学。每个单元由两篇文章组成，课堂上教师和学生一起完成Text A的学习，Text B为课后学生自学完成，每个单元的最后会有一个写作任务，具体五个单元的Text A和作文题目如表4－1。从表4－1中我们可以看出，五个单元的作文中四个题目是记叙文（其中包括三个单元都是信件），一个单元是议论文，体裁变化很少；而且作文主要考虑的是主题与该单元一致，并没有考虑学生的实际写作需求，因此笔者并没有将每个单元的写作练习都按照课文组织，而是根据文章的文体特点、语篇特点或写作特点布置不同的作文，意在让学生得到英语写作多方面的指导和锻炼。在每次完成课文学习之后，会以课文为基础，从图式的建构、激活、调整、巩固四个方面设计教学活动，进行写作知识的讲解和写前阶段的教学引导。实验结束之后，会随机挑选实验班的学生进行访谈，以了解学生对“以读促写教学”的感受与认可程度。

表4－1 《全新版大学英语综合教程》(第一册) 第一至第五单元课文题目及作文练习

单元	主题	课文题目	作文练习
第一单元	Growing up	Wring for Myself	Writing a Letter of Congratulations
第二单元	Friendship	All the Cabbie Had Was a Letter	Writing a Personal Letter
第三单元	Understanding Science	Public Attitudes Toward Science	How Science Changes Our lives
第四单元	The American Dream	Tony Trivisonno's American Dream	Rewriting the Story of Tony Trivisonno in the Third Person Singular
第五单元	Work to Live or Live to Work	The Company Man	Writing a Letter of Sympathy or Condolence

在实验正式开始之前，对实验班学生要进行关于图式理论的培训，向学生介绍语言图式、内容图式及形式图式的意义及内容，以及各种图式和英语写作的关系，让学生知道在写作时如果能充分激活并提取头脑中的各种相关图式，就能有效解决英语写作时出现的各种问题。比如：不知道写什么、怎么写、怎么组织语言及怎么表达自己的观点等。让学生对自己头脑中已有的图式进行自省，反思自己在写作过程中存在什么问题，以及这些问题反映的是哪些图式的问题，是图式没有被激活，还是头脑中原本就欠缺某种图式。通过自我反思，学生找到自己英语写作方面甚至英

语学习方面的不足，能够找到学习的方向与目标。这样不仅可以让学生清楚图式在英语写作时的重要性，使学生在学习过程中能够有意识的积累各方面的图式，而且在英语写作时，养成主动激活头脑中各种图式来解决写作时遇到的各种困难的习惯。经过长期训练之后，学生就可以掌握这种写作程序，达到自动化，建构自己的写作程序图式。接下来还要向学生介绍“以读促写”的内涵及其意义，让学生了解阅读与写作的关系，知道阅读的重要性有利于实验的继续进行。

由于“以读促写”依赖于读写课的课文学习，而且笔者所在高校并没有为非英语专业学生开设专门的写作课，因此笔者只能利用每个单元课文学习的最后一个课时来进行英语写作的写前培训。

教师首先要根据每课的文章特点，分析课文，提取与英语写作相关的重要图式，确定要让学生掌握的新的图式，是优美的语言使用，还是与文化相关的背景知识，抑或是学生未曾掌握的文体知识，其次布置相关写作任务。对于全新的知识，可以采取直接讲解的方式帮助学生建构新的图式，或者对比的方式，将头脑中已有的图式和新的知识做比较加深印象，从而扩充原有的图式。另外，目前多媒体已经在高校课堂中广泛使用，这给英语教学带来很多便利。教师可以通过为学生展示图片、音频、视频等直观的方法帮助学生获取更多信息，尤其是内容图式的相关信息，帮助学生建构新的图式。如果需要调用头脑中已有的图式，教师可以采取有效的教学方法来设法将其激活，例如头脑风暴、提问等。在完成前面这些活动之后，让学生认真思考、总结，然后列出提纲。内容大概为文章的结构，要分几部分写，每部分的主要内容，主题是什么，每部分之间怎样连接，想到的好句式等。学生写出提纲后，也可以让部分学生口述自己的提纲，其他同学可以给出评价，说出提纲好在哪里，还有哪些不足等，最后教师对其不合理的地方给出建议，在这个过程中同学之间可以互相借鉴彼此的思路来扩充自己的图式。这一环节主要帮助学生提取篇章结构方面的形式图式，同时整合了头脑中零散的图式。最后就是写初稿的阶段，如果写作任务是一个段落，基本可以在课堂上完成，但是如果是整篇的作文，就只能以课后作业的形式让学生自己完成。笔者所在班级通常都是在批改网上进行作文写作练习。一方面，批改网可以在学生写作完成之后马上给予反馈，让学生马上能够看到自己的错误，尤其是语言图式方面的错误；另一方面，可以大大减轻教师的工作强度。教师可以挑选有代表性的文章或错误给学生进行讲解，也可以让学生来进行互评，并给出修改意见。如果让学生互评，教师可以给学生相关提示问题，例如：作者是否清楚地表达出文章的中心思想？作者在哪些方面没有表达清楚？文章有哪些论证是与主题不相关的？文章的段落之间的衔接是否恰当？文章用词是否得当？有哪些语法错误？有无拼写错误？你觉得这篇文章的优点和缺点各是什么？互评的过程也是学生对自己头脑中的图式做出相应的检查、调整与重建的过程。

总之，教师在对实验班进行教学活动的每一步骤时，都会告知学生这样做的目的是什么，作用是什么，可以解决写作时的哪些问题等。并且在每次教学时都会强调这些，让学生经过长期的练习，掌握这些程序步骤，最终使学生对这些程序性知识达到自动化，形成一种写作程序图式，来解决英语写作时无从下手，不知道怎么开始、怎么组织等问题。

4.6.2.2.3 基于图式理论的“以读促写”教学设计案例

教学对象：实验班（B1 班）

教　　材：《全新版大学英语综合教程》（第一册）

教学内容：Unit One Growing up

Text A Writng for Myself（课文见附录 12）

教学时长：1 课时，45 分钟

教学目标：

1. 欣赏并分析文章中的人物描写，学会描写人物特征。

2. 练习写出描写人物的段落。

教学过程：

第一部分：分析课文中人物的外貌描写。（10 分钟）

在完成课文学习的基础上，让学生重新阅读全文，找出文章中描写 Mr. Fleagle 外貌的段落。采用提问的方法，并找多位同学进行补充。学生找到的内容如下。

To me he looked to be sixty or seventy and excessively prim. He wore primly severe eyeglasses, his wavy hair was primly cut and primly combed. He wore prim suits with neckties set primly against the collar buttons of his white shirts. He had a primly pointed jaw, a primly straight nose, and a prim manner of speaking that was so correct, so gentlemanly, that he seemed a comic antique.

Even Mr. Fleagle stopped two or three times to hold back a small prim smile.

之后让学生以小组为单位，根据作者的这段外貌描写，为

Mr. Fleagle 画一张画像。学生对这项任务很感兴趣，这个过程让学生加深了对课文句子的理解，也加深了对课文中人物 Mr. Fleagle 的认识。任务完成后，所有小组将绘画作品在讲台前展出。之后教师提问：在绘画的过程中，Mr. Fleagle 在你们的脑海中是一位什么样的老人？学生们给出了很多说法，大家认为他是个古板的老人。接下来，教师继续提问：在这一段描写中，作者重复使用了哪个单词？一共使用了多少次？学生们回答：prim 和 primly。Prim 一共使用了 4 次，primly 使用了 6 次。教师继续就这个人物来提问：作者反复使用这两个词汇的目的何在？从这段外貌描写，可以看出 Mr. Fleagle 在作者心中是一个什么样的人？他具有什么样的性格特征？学生们根据自己的理解以及课文中的介绍，得出结论：反复使用一个词是为了强调，作者反复使用 prim 和 primly 是为了体现 Mr. Fleagle 在他心中的印象：He was very formal，prim，rigid and hopelessly out of date. 教师由此总结：好的人物描写能够让读者头脑中形成生动的图像，好的人物描写能够很好地体现出一个人物的性格特征。

第二部分：讲授如何用英语来描写人物的外貌。(10 分钟)

随后教师引导学生找出文章中描写下巴、鼻子、头发、衣着的词汇，并进行扩展，让学生进行头脑风暴：How do we describe a person's hair，shape，eyes，nose，mouth，ears and personality? Can you list any many words as possible? 学生对此活动反响强烈，表 4 - 2 列举了很多词汇。在学生回答之后，教师通过多媒体进行总结，内容如表 4 - 2。

表 4－2

Hair	Shapes	Eyes	Nose	Mouth	Ears	Personality
Straight	Tapering	Almond – shaped	Straight	Big	Big	Calm
Curly	Lanky	Bulging	Big	Cavernous	Large	Impulsive
Cropped	Skinny	Dewy	Small	Wide	Long	Arrogant
Black	Squat	Glazed	Flat	Small	Pointed	Humble
Auburn	Plump	Gentle	Long	Firm	Floppy	Eccentric
Blonde	Well – built	Round	Hooked	Well – shaped	Torn	Extroverted
Brunette	Dwarfish		Beaky	Chiseled	Small	Introverted

这项活动激活了学生头脑中描写人物的英文词汇，同时扩充了学生的原有词汇。对于扩建学生的语言图式起到了积极作用。

之后教师引导学生分析作者人物描写段落的顺序。作者首先给出了自己对于 Mr. Fleagle 的总体印象，其次，从对其进行的五官、外貌、衣着等来具体描写和说明 Mr. Fleagle 的外貌及性格特征，最后又总结性地再次描述 Mr. Fleagle 的总体形象。人物整个外貌描写的过程呈现“总—分—总”的结构。通过分析，扩充了学生头脑中英语人物描写的形式图式，为下一步的写作练习预热。

第三部分：段落写作练习（25 分钟）

教师为学生布置课堂写作人物：Please describe one of your classmates in this classroom without telling us his or her name. 让学生在 15 分钟之内写出一段人物描写的文章，要求所描写的人物必须是教室里的一位同学，不要透露这位同学的名字。在写作完成之后，将这段描写文字朗读出来，其他同学根据面貌特征来猜测这位同学是谁。

学生对这个作文任务都非常感兴趣，写作的兴致很高，因此借鉴写长法对写作段落不进行字数限制，让学生有足够的自由发挥空间。教师指导学生们要抓住一个人的面貌特征或性格特征来描写，在面貌特征的描述中，要体现出一个人的性格或个性。要在15分钟之内全部完成段落写作，之后用10分钟来让同学进行朗读和猜测。教师在学生朗读结束之后，点评写得好的地方与要修改的地方。

由于本课的段落练习选取的是学生感兴趣的题目，因此学生吸收消化得很顺利。这也给高校英语教师以提示，在作文策略教学中，作文练习题目的设置应充分考虑到学生的兴趣，要贴近学生的生活和学习，以便学生更好地吸收和理解新的知识。

4.6.2.3 后测

本次实验的后测数据来自实验班和对照班2016年秋大一上学期期末考试中的写作部分成绩。2016年秋期末考试试卷满分为100分，共分四个部分：听力选择、词汇单选、阅读、写作，其中写作分值15分（作文题目见附录11）。实验班与对照班在学期末均采用同一份试卷进行后测。测试结束后，两个班的试卷均密封，不显示班级和姓名，交给教师打分。评分方法和要求，以及评分人员均和实验前测保持相同。评分后对学生的成绩进行统计供下一步分析使用。后测主要考察：实验班和对照班的写作测试成绩是否存在显著性差异，即图式理论指导下的“以读促写”在大学写作教学的写前阶段应用是否有效。

4.6.3 实验结果

经过16周的教学，在2015年春季学期的期末考试中，作文满分为15分，实验班（B1班）实际参加考试人数50人，对照班（B2

班）实际参加考试人数 48 人，B1 班的作文平均成绩为 7.90（具体成绩见附录 14），B2 班的作文平均成绩为 7.38（具体成绩见附录 15），B1 班比 B2 班高出 0.52。B1 班的后测成绩比前测成绩（7.48）高 0.42，B2 班后测成绩比前测成绩（7.46）降低了 0.08，这说明图式理论指导下的“以读促写”在提高学生英文写作水平方面是有一定效果的。

4.6.4 实验结果分析

通过分析实验中的前测数据和后测数据，我们可以得到以下结果：实验班与对照班的作文前测成绩并不存在显著性差异，但两个班的作文后测成绩存在显著性差异，对照班成绩照前测有小幅下降，而实验班的后测成绩高于对照班，高于本班的前测成绩。这说明在进行教学实验之前，两个班学生的英语写作水平基本持平，但在为期一学期的实验后，运用图式理论指导英语写作的实验班的考试成绩比仍然采用原来教学方法的对照班的考试成绩提高得更为明显。由此可以看出，在目前大学英语的教学模式下，依托大学英语读写课的“以读促写”英语写作教学设计在提高学生的英语写作能力方面更有优势。因此图式理论指导下的“以读促写”教学值得推广。

具体涉及学生的作文内容我们会发现，经过教师在写前阶段的指导之后，学生作文的内容有很大提升，不再无话可说，啰唆重复的句子大大减少，这说明通过课文的阅读以及写前阶段的教学活动，学生头脑中的内容图式得到了有效地激活或建构。作文中的语法错误依然存在，但是数量有所降低，部分同学开始尝试更多地使用长句子和复合句。说明学生在写作中有意识地关注了语言图式的使用。在本学期的五次作文任务中，涉及了记叙文和议论文，在结构方面，学生普遍使用三段论，总—分—总结构清晰，部分同学开始增加过渡句、连接词的使用，说明学生意识到了作文的衔接与结构。按照成绩分布看，作文高分段学生人数有所增加，15 分满分作文，9 分（含 9 分）以上人数接近 30%，但班级后 10 名成绩较上次测试没有明显改变。其作文依然是语法错误频出，内容空洞，无话可说。除此之外，后测还有一个意料之外的结果，对照班的写作成绩较前测有了退步，整个班级的英语成绩均偏低，缺少高分段同学。这也反映出了当今大学英语教学中的一个问题，即学生进入高校后的学习动力不足，对与高中“同质化”的英语教学缺少兴趣，懈怠情绪严重等。这也给大学英语教师敲响“警钟”，说明大学英语教学改革势在必行，关键是如何改、改什么，才能真正地提高学生的英语水平。

4.6.5 实验对英语写作教学的启示

经过一个学期的实验可以看出，在大学英语读写课堂上，以课文阅读为基础展开写作教学，在写前阶段开展以图式理论为指导的“以读促写”的教学模式改变了传统的写作教学方法与理念，教师围绕如何能够有效地激活或建构学生英语写作相关的语言图式、内容图式和形式图式三个方面来有序展开教学，使写作教学渗透在英语读写课堂教学中，在语篇的层次上把三种图式的教学有机地结合起来，是一种可操作的写作教学手段。

第一，图式理论的指导改变了传统写作教学中以词句为先的教学思想。语言图式只是三种图式之一，是表达作者思想的基础，没有足够的内容图式支撑，堆砌再多华丽的辞藻与句式也改变不了文章空洞无物的本质。图式理论要求教师在写作教学中首先从语篇高度构建文章的框架。语篇具有相对的稳定性和可模仿性，因此教师在写作指导中可以着重从语篇出发，利用图式的层级结构、动态网络结构等特点培养学生作文谋篇的能力，进而建构学生与写作相关的形式图式。

第二，以读写课文为基础的“以读促写”可以大大丰富学生的写作素材，丰富学生的内容图式。教师可以从主题知识和文化背景知识两方面入手，指导学生如何扩展与课文相关的主题知识。当然内容图式的构建不能只局限于课堂教学，也需要学生平时的阅读积累。

第三，“以读促写”模式融合了英语阅读教学与写作教学，使之相互影响、相互促进。各个教学环节不再是各自独立的教学方面，而是不可分割的教学统一体。这是符合阅读与写作的深层关系的。图式理论指导下的“以读促写”教学对阅读等其他的教学环节提出了更明确的教学需求，教学方法处理得当可以使各个方面互相促进、相得益彰。

4.6.6 研究局限性

尽管实验总体进行得很顺利，但是仍然存在一些缺陷和不足，仍然有一些问题还没有研究清楚，需要更多学者做后续研究。首先，本研究在对图式的激活、建构、巩固、完善等过程的研究还不够深入，如何设计出更多、更有效的能够帮助激活学生头脑中已有写作图式的教学活动，还需其他教师在教学实践中不断开发和创新。其次，英语教师的语言图式、内容图式和形式图式也是一个需要关注的问题。要丰富学生的三种图式，教师自己必须要有更加丰富的图式才行，单单依靠教材的内容是远远不够的。再次，教师对学生已有图式的了解也要全面、到位，不然在激活、构建、巩固学生的图式结构的方式的把握度上会有偏差，教学效果不能达到最好。最后，高校英语的课程内容多、目前又面临缩减课时的大形势，没有充足时间来进行英语写作教学，所以图式的激活、图式的创建和图式的巩固的教学除了以上讨论的具体写作程序外，还必须渗透于每一个教学单元，包括在词汇、语法和阅读教学中。

另外，本实验的样本小，持续时间较短，数据不具有太大的说服力，但是对于广大的英语教师还是有一定启示作用的。从图式角度来看，阅读和写作的过程都是三种图式的激活与建构过程，因此，依托这三种图式进行“以读促写”来提高英语写作水平是可行的。阅读与写作相互作用，相互影响，只有将二者在图式理论的指导下有机结合起来，学生的写作能力才能提高。

5. 图式理论与英语听说教学

在全球化的大背景下，英语听、说能力的价值日渐凸显，听和说不仅是沟通的重要形式，而且是人们筛选信息、表达想法的关键途径。在语言的五项语用能力听、说、读、写、译中，听与说首当其冲，其重要意义可见一斑。美国学者罗宾（Rubin，1994）指出："成人一生大概要花费40%～50%的时间在听力上。"布朗（Brown，1995）认为，一般来说，人们用在听力上的时间是说话的两倍，阅读的四倍，写作的五倍。范德格里夫特（Vandergrift，1999）认为，听力理解是人与人交际中重要的一部分。2017年制订的最新的《大学英语教学指南》对英语的听和说都做了详细的三级教学目标规定。从对学生的调查问卷来看，学生最想提高的也是英语听与说的能力。英语听、说能力成为人们越来越关注的语用能力。在语言学习过程中，听，是语言的输入，说，是语言的输出。二者相辅相成，在高校非英语专业的英语课程安排上，听与说历来不分家。就拿所使用的教材来说，也是听说教程或视听说教程，因此在笔者的研究中，也是将听与说结合在一起进行。

5.1 学生英语听与说学习现状

“听”是获取英语知识和准确的语音、语调的重要途径，大学生只有在听清、听懂英语的前提下，才能有信心用英语与他人交流沟通，可以说，听力较之口语更为重要，只有有效的语言输入才能促成语言的输出。为了了解目前高校非英语专业学生的英语听与说的水平及学习情况，找出学生在英语听与说学习中的困难，继而对症下药逐步提高英语听说课效率，改善学生英语听说现状，最终达到提高大学生英语听说能力的目的，笔者于 2018 年 9 月对本校学生进行了一次关于大学生英语听说学习现状的问卷调查（见附录 16）。调查的对象是本校 16 级本科学生及 18 级新生，以选课班为单位，采用整群抽样的办法，共发放问卷 300 份。问卷回答采用匿名的方式。主要调查非英语专业学生对英语听说的兴趣以及存在的问题与不足。从而用图式角度来分析：学生听说中遇到的问题究竟是由于哪种图式的欠缺与不足造成的。本次调查收回有效试卷 298 份，通过分析，发现了目前学生英语听与说学习中存在以下 4 个方面的问题。

第一，学生缺乏英语听力学习策略，自主学习效率低下。通过调查问卷可以看出，近半数同学不会运用预测策略在听力考试中对问题进行预测，在这近半数学生中，80% 是 18 级新生，这与其高中阶段的英语听力教学的缺失不无关系。在听力练习结束之后，学生没有归纳总结错误的习惯，对错误往往置之不理。这说明学生不注重成绩反馈的作用。97.32%学生在大学之前没有进行过英语听说的学习，很多高中在高考“指挥棒”的指挥下，甚至上课把单词朗读都省略了，只片面关注书面考试能力与成绩，殊不知这是本末倒置的做法，是学习语言的大忌。语言学习，听说领先。从长远角度看，忽略英语听说的教学严重影响了学生语言能力的提高。

第二，学生缺乏相关背景知识，即与英语相关的内容图式，尤其是文化图式，这严重影响了学生对英语听力内容的理解。听力过程中会出现很多有关西方的地名、人名、文学作品或画作等，由于学生缺乏相应的内容图式，不知道这些名词的含义，导致无法正确理解听力全篇内容，例如很多同学不知道 Shakespeare，Notre－Dame，Odyssey，Champs－Elysees 的含义。这些内容图式需要日常不断的积累。

第三，学生缺乏足够的英语语言图式。83.89%的学生认为影响自己听力的原因是词汇量不够，往往听着单词耳熟却不知其意。很多学生听到一个生词后，思维停留在生词处，影响了接下来所有的听力理解。这么大比例的学生认为单词是影响听力的原因，也体现出学生一直以来以语言图式学习为重的思想。在口语输出方面，88.7%的学生有说英语的渴望，想提升自己的英语口语能力，但苦于找不到合适的词汇或句子来表达，学生也认为是因为词汇不够，究其原因，都是头脑中的英语语言知识存储不够，还有些时候是没有有效地激活头脑中的相关图式。

第四，学生课下缺乏英语听力与口语的练习，自主学习能力薄弱。问卷显示，多数学生只是为考试而锻炼听力，只有43.62%的学生在课后以做习题的方式来进行听力练习，这些学生大多是为了四、六级考试。91.95%的学生从未在课外自己大声朗读英文。从调查问卷可以看出，英语听说的课后学习情况在大三学生中更不乐观，其中一部分原因是部分专业大二下学期就没有英语课了，大三之后都没有了英语课，缺少了课堂的监督，自主学习能力差，因此课后进行听说练习的人数大大减少。大部分学生喜欢在课后看英文电影，听英文歌曲，但是没有研究表明，毫无目的地泛听可以提高英语听力水平。这种方式仅仅可以起到"磨耳朵"的作用，如果没有对听到的内容加以分析、理解与吸收，那么对激活与建构学生头脑中的图式就起不到任何积极作用。何况，大部分学生在看电影的过程中依靠中文字幕，只关注情节，这样的听力练习根本起不到锻炼英语的作用。

第五，英语听说水平地区差异性明显。笔者所在的理工类高校有相当一部分学生来自农村及西北省市。这些地区的英语基础教育薄弱，师资力量薄弱，英语听说资源少，英语听说训练就更少。相对来说经济发达地区、东南沿海及城市的学生听说能力更好一些。还有南方一些省市的学生由于地方方言影响，发音也不标准。

从上面的分析可以看出，学生在英语听说方面存在的问题归根结底是由于语言输入不够，头脑里存储的图式不足，也可以说，学生并没有形成良好的英语语感，自然语言输出也不会顺利。"听"是一种有效输入，对口语的提高也有很大的促进作用，教师需要做的是给予学生有效的语言输入，帮助学生建构和听力相关的三种图式。

5.2 高校英语听说教学存在的问题

第一，听说比重不平衡，教学方式陈旧。问卷调查结果显示，尽管学生认为英语听说能力很重要，但是学生对于目前的英语听说课的满意度不高。多数高校的英语听说课都是以听力为主，说的部分微乎其微。教师为了完成自己的教学进度，通常舍弃“说”的部分。听力一般采取先讲解单词、然后放音、最后教师统一对答案的固定套路，而且理工类高校英语教师大多注重对英语知识和技能的传授，忽视学生语言运用能力的培养，教学理念和教学方式比较落后。沉闷的课堂教学无法长时间吸引学生的注意力，枯燥的听音练习很容易让学生厌倦，久而久之，学生必定会失去对英语听说课程的兴趣，而且一味做题或沉浸在题海之中是无法真正提高英语听力水平的。

第二，师资力量不够强大。大学英语教师尤其是年龄偏大的教师，对学习先进的教学理念与方法并不积极，对多媒体现代化教学设备的更新换代不敏感，加之缺乏相关的专门培训，始终用老一套的教学方法上课，无论是教学方法还是教学内容不能与时俱进，而现在的学生都是在千禧年之后出生，在互联网和高科技的氛围中成长，老旧的教学方法学生并不乐于接受，也无法满足他们对信息量的需求。

第三，听说课时有限，没有得到足够的重视。以笔者所在理工科高校为例，听力课为每 2 周 2 学时，有限的课时与庞大的学生群体形成了巨大的反差，大部分教师表示在上课过程中是心有余而力不足。以口语教学为例，由于课时有限，教师很难给每一个同学纠正发音，加上同学发音不准，怕同学笑话，更不敢主动说英语，老师只能讲一下发音的技巧，语音方面的知识，让学生边听边模仿发音。同时学生的专业不同，生源地不同，英语基础也大不相同，这必然影响到教师的教学计划安排，在有限的课堂时间里，无法因材施教，教师和学生之间无法及时的交流，大大降低了听说课堂的教学效率。

第四，缺乏英语听说的语言环境。语言环境是外语学习尤其是英语听说学习必不可少的条件。没有语言环境，学生就无法将习得的知识与实践相结合，单单依靠课堂时间是完全不够的。尽管不少学校有英语角、英语协会、英语俱乐部等英语爱好者交流场所，但实际利用率并不高，只有少数英语口语比较好的同学或准备出国需要考雅思、托福的同学去练练口语。口语基础差的同学往往对这种英语活动望而却步。个别高校会为非英语专业学生配备外教老师来上口语课，但效果也不是很理想，毕竟课堂口语教学时间太短暂。

5.3 听力学习三种模式

在过去很长一段时间，听力一直被认为只是一种被动地接受过程，这是因为听力具有比较明显地接受外部信息的特点。但是从 20 世纪 50 年代以后人们对听力理解过程的看法有了很大的改变。这是因为认知心理学的发展极大地影响了人们对第二语言获得过程的认识。越来越多的研究者更认同听力的理解过程是一个主动处理信息的过程，是对听到的语言信息进行接受和解码的过程。从耳朵接受语音到理解，其间要经过听觉、译码和思维等三个加工阶段。如果用图式理论来分析听力理解的过程，就可以这样理解：当听到新的信息时，要利用学生头脑中原有的知识图式来激活相应的图式，新的信息和已有图式产生关联后，对听者才有意义，才能理解听到的信息的含义。同时在理解新信息的过程中，还能扩充原有图式或建构新的图式。目前研究者们一般认可的是，有三种听力理解的模式，同前文提到的阅读理解三种模式一样。

5.3.1 “自下而上”的听力理解模式

前文提到，20世纪50年代美国著名心理学家高夫（P. B. Gough）等研究者们提出了“自下而上”（bottom－up processing）处理信息的模式，也叫数据驱动（date－driven）模式。按照这种模式的说法，大脑对信息的加工从最小的语言单位开始，例如：音素、词素、词语等，然后逐步过渡到较大的、较复杂的语言单位，如短语、句子、段落等，最后过渡到对整个语篇的理解。在这种模式中，低一级的图式是引起高一级图式活动的基础，最基本的具体的语言图式组合成较大的较高层次的图式，从而激活头脑中更大的图式。对信息的理解是从语音、词语、句子、字面意义到深层含义的过程，是一种由低到高、由小到大、由部分到整体的过程。“自下而上”的听力教学模式就是指教师首先是从语音的识别出发，然后依次进入单词、句子和篇章的层面。听力教学就是让学生反复进行语音的识别和听辨训练。

传统的高校外语听力教学过程大多受到该模式影响。很多教师认为，在听力材料中最重要的是单词语法知识，只要没有生单词或长难句，学生在理解听力材料方面就毫无障碍。因此，在传统的英语听力课堂中，包括英语专业的听力课也是如此，教师往往采用字—词—句子—语段的理解模式。先讲解在听力材料中学生可能不熟悉的单词等语言点，然后给学生放音，让学生听材料，最后教师带领学生对答案。多数教师也喜欢用这种模式来准备听力课，如果学生哪道题目答案错了，教师往往也认为是其对语言图式的掌握不好，教师就会讲解语法难点、拆分句子结构等来帮助学生理解。除此之外，我们现在的很多听力教材体现的也是这种模式，这种模式当然也有一定的优势，它可以关注到具体的细节部分，然而，在实际教学中教师会发现，有时候即使学生掌握了新的语言点，但在没有任何语言障碍的前提下，仍然不能理解听力内容。这是因为这种模式使学生把听的重点放在了字词上，忽视了从整体上对文章的理解，无法从更高的层次来看待文章内容，因此无法正确回答文章中所提出的问题，如果教师过度地依赖该模式进行教学，就会让学生觉得厌烦和枯燥。这种模式被认为是一种较低层次的认知模式。所以在英语听力教学中仅仅用这一种模式是不够的，也是不提倡的。

5.3.2 “自上而下”的听力理解模式

20 世纪 70 年代左右，美国学者哥德曼（K. S. Goodman）提出了“自上而下”（top - down processing）的听力理解模式，也叫“概念驱动”（concept - driven）模式，这是与“自下而上”的信息处理模式相对的一种模式，这类模式在处理信息时往往是按照由高到低，由整体到局部的顺序来进行。

这种模式认为听者头脑中已经具备的以往知识经验在处理外界

信息时会起到非常积极的作用，我们需要调动背景知识来理解所听语言材料的意思。进入听者听觉系统的语音信息会激活大脑中已有的图式，听者用它们来预测、辨别、分析、推理、修正、整合信息，从而达到理解的目的（张本楠，2007）。换句话说，听者已有的背景知识在听力理解的过程中起着非常重要的作用，当听者听到的内容与大脑中的相关知识经验相吻合时，会促进理解的过程。“自上而下”模式显示了听者在听力过程中的主动性，证明了听力并不仅仅是被动地接受过程。例如，在做听力题时，有时一个单词在没有说出来或没有被听到时，它已经被预测和理解了，因为听者完全可以运用相关经验知识，对尚未听到的内容做出推断。例如：当学生听到“The notice says *No Smoking*, you'd better stop ________.”即使没有听到最后一个词，根据前面的内容，我们也能够猜测出来这句话的意思是劝人不要吸烟，所以很明显最后一个词就是 smoking。

图式在“自上而下”模式中发挥着重要且不可替代的作用，当人们听到新的信息时，会根据大脑中已有的图式对其进行判断和推测，然后再考虑小的方面，最后证实信息是否正确。这种模式在我们的母语理解中会经常遇到，在我们与别人进行交流时，可能只要听清对方说的几个词就可以预测对方要表达的意思。在我们学习外语时，这种模式也同样适用。因此在英语听力教学中，教师要帮助学生积累与听力材料有关的背景知识和语篇知识，这会让学生对听力材料所涉及的主题更加熟悉，在心理上也会更加自信，听力水平也会提升，为建构新的图式打下基础。

但是在我们学习外语时，如果过分强调采用“自上而下”模式的话，那么学生对听力的兴趣就会降低，听力水平的发展就会失衡，从而阻碍学习者听力水平的提高。

5.3.3 平行互动的听力理解模式

事实上，“自下而上”和“自上而下”这两种模式各有其优缺点。在实际教学中，人们发现其实在听力理解的过程中，并不是单一使用“自上而下”或“自下而上”的模式。这两种模式可能是同时运作、交互进行的，单靠哪一种模式都无法达到准确理解听力材料的目的。于是在20世纪70年代左右，鲁姆哈特（Rumelhart）提出将上述两种信息处理模式结合在一起，发展出一种同时注重细节和背景的模式。我们把这种同时运作的模式称作平行互动的听力理解模式。该模式的提出最早来自对阅读过程的研究（张本楠，2007），在前面章节我们已经讨论过。平行互动模式认为：人们处理外界信息时，既是一个“自下而上”的过程，也是一个“自上而下”的过程，不同的信息是在不同的层面上同时被处理的。在听力理解的过程中，听者既要运用语音、词汇和句法知识，同时还要调动大脑中已有的相关背景知识，对短时记忆中的语料信息进行加工处理，在背景知识和语料信息的互动过程中获得语义的理解。在听力教学中自始至终只采取单一的“自上而下”模式或“自下而上”模式，准确度和效率都难以提高，只有两者形成有机的结合，才能有效地达到听力理解的目的。

由此可见，“听”是一个复杂的生理和心理过程，它需要听者运用语音、语义、句法、语篇、语用知识和社会文化背景知识以及听力策略等，对语音信号进行加工，从而达到理解的目的。这就要求教师在教学中既要关注学生语言知识的获取，也要注重扩充学生的文化背景知识，同时还要培养学生的听力技巧，让学生在锻炼听力的过程中运用学习策略，以提高听力教学效果。

5.4 国内外有关图式理论指导下的听说教学研究

20 世纪 70 年代，英语听力教学法主要强调学习者识别单词、句子、单个声音和声音组合的能力的发展，即自下而上的语言处理方式。20 世纪 80 年代以后，英语听力教学从以语言为主的观点转变为以图式为基础的观点，而听力教学则从关注语言理解方面转向激活学习者的图式结构以帮助理解（Hinkel，2006）。因此，国外的研究主要以内容图式对英语听力理解的影响为主。

范·帕腾（Van Patten，1989）曾经做过一项实验研究，试图找出在处理语言输入时，听者是否会对输入内容的形式和意义给予同样的关注。结果表明，对于早期学习者来说，在听力理解过程中很难同时把握形式和内容，他们更倾向于使用“自上而下”的听力模式，注重意义。

各国的研究者们对于内容图式，尤其是文化知识对于听力理解的研究较多。例如：龙（Long，1990）通过对西班牙学生的研究，验证了背景知识即内容图式在第二语言听力理解中的作用。实验中学生被要求听两段听力内容，然后进行内容回忆复述，并完成一组判断题。学生的成绩分析表明，熟悉该听力中提到的背景知识的学生比不熟悉内容的学生能回忆出更多的信息，说明内容图式对于学生的听力理解起着重要作用。施密特·里纳哈特（Schmidt - Rinehart，1994）也进行了一项话题熟悉度对第二语言听力理解的影响的研究。实验结果表明，头脑中已经存在的图式在增强听力理解能力方面能发挥重要作用。吉拉基尼（Gilakjani，2011）通过对英语听力测试者的前测和后测分数分析对比，证明了文本熟悉度对听力理解有重要影响，熟悉度越高，听力理解得越充分越完整。与这些研究者一样，萨米安（Samian，2012）对伊朗的英语学习者也进行了一项调查研究，结果表明，增加文化背景知识对促进他们的英语听力理解有着重要影响。

另外，翠（Tsui）和满洛夫（Fullilove）在 20 世纪末对中国香港的英语学习者从一个全新的角度进行了一个长期实验，结果表明，激活头脑中已有的图式对于听力理解的重要性。这说明为了让学生的听力理解达到理想的效果，教师在听前阶段应充分激活头脑中已有的与本课内容相关的图式。

在我国的图式理论对英语学习的研究中，除了阅读理解，听力理解是研究者们关注最多的研究方向。进入 21 世纪以来，图式理论对英语听力学习的研究层出不穷，图式理论被广泛应用于中学、大专、高职及本科高校的英语听力教学研究中。吕艳萍和史旭升（2004）、周相利（2002）、高稳（2005）认为，在听力中缺乏背景知识会影响听力理解，如果不能成功激活头脑中的相关图式，那么听力效果就不好，反之亦然。董广智（2003）认为传统的听力教学方式无法提高学生的听力成绩，但是通过帮助学生建构听力相关的图式会对学生的听力成绩起到良好的促进作用，同时也能提高学生的学习兴趣。刘晓平（2007）、钟美玲（2008）通过实验得出图式对初中生的听力成绩有促进作用，因此他们认为图式理论对听力教学有理论指导意义。谢军（2008）认为基于图式理论的听力教学模式对学生听力成绩的提高是显著的，并且通过实验验证了基于图式理论的听力教学模式的有效性。

在口语方面的研究相对于听力研究来说要少得多，张茹、刘景霞（2006）通过分析图式的特点找到适合学生口语发展的修辞图式来帮助学生提高口语能力，帮助学生增强与外国人沟通的能力。刘丰香（2011）、张燕燕（2015），从大学生口语技能出发，认为图式理论可以促进大学生口语能力的提高，并从意识培养、信息有效输入和策略性输出三个方面提出了提高口语能力行之有效的措施。孙晓云（2008）认为在图式理论的指导下运用看图说话的手段可以提高学生的口语能力。关于图式理论对口语的研究主要以理论研究为主，这也许与高校口语课时有限有关。

5.5 图式理论与听力教学

听的过程是复杂的思维过程，离不开语言图式、内容图式及形式图式的相互配合。在英语听力理解中，学生头脑中已经存储的三种图式主要起到以下几个作用：预测、补充、选择、记忆及情绪缓解。

预测是图式在语言理解过程中最重要的作用之一。正如前文所说，图式是从具体事件抽象出来的知识存储方式，因此具有普遍性和代表性。当输入的听力信息激活了学生头脑中相关的图式，听者就会对即将要听到的内容产生一种预期，从而起到帮助理解的作用。有时在听力内容中可能会省略一些不言自明的内容，或者出现了学生不认识的生词而造成某些信息的缺失，在这种情况下，学生可以通过头脑中已有的相应图式，依赖认知能力、语言图式、逻辑思维等方式来把漏掉的信息自动补充完整，从而建立材料语义上的连贯性，在听力理解过程中帮助跳跃障碍。图式在听力理解过程中的选择作用表现在对输入的信息进行加工时总是有选择性的，在听的过程中，声音稍纵即逝，只有那些与某些图式密切相关的信息才会被存储到长时记忆中去，这个过程也有利于对听力材料的存储。而那些与现有图式无关的信息则会被忽略。

另外，听力理解过程是一种复杂的生理心理活动。在听力理解的过程中，由于听者无法控制所听内容的难度、语速和呈现方式，内心会感到紧张焦躁，很多学生甚至在听之前就会给自己一些负面的心理暗示，调查中 77.18% 的学生表示在英语听力过程中感到紧张，这种情绪会影响注意力的集中程度，影响大脑对输入信息处理的效率和精确度。而已有的图式能通过选项对听力材料及问题起到预测、补充的作用，从而缩小了听的范围，降低了听力的难度，这对缓解学生的紧张情绪有一定帮助。

基于图式对于听力理解所起的作用，可以在听说课堂中进行合理的教学安排，以提高教学效率。安德伍德（Underwood，1990）将听力教学过程分为三个阶段：听前热身阶段（Pre – listening）、听力理解阶段（While – listening）和听后巩固阶段（Post – listening）。听前热身阶段的热身活动既可以调整学生的心理状态，为接下来的听力教学任务做好准备，又可以为听力理解阶段的难点扫除理解障碍，加快理解的速度。听力理解阶段是听力教学的主体，教师通过设计的各个环节和练习形式来训练学生听力的各种技能，建构新的图式。听后巩固阶段是前两个阶段的总结和延续，可以帮助学生将储存在短期记忆中的图式转移到长期记忆中去，对图式进行巩固整理，加强教学效果。

5.4.1 听前热身阶段

在正式进行听力教学之前，可以先进行一些语境铺垫、背景知识介绍、语言知识的讲解等热身活动，来帮助学生消除紧张心理、增加对即将到来的课程的学习兴趣。如果用图式理论来解释，那么听前热身阶段的任务就是帮助学生激活与本课听说内容相关的已有图式，建立课程中出现的新的图式，并培养他们预测听力材料内容的能力，为听力理解阶段做好准备。

结合前文提到的内容，我们知道学生的语言水平和文化背景知识都会对听力理解造成影响。在听力理解过程中，“自下而上”模式强调听者运用语音、词汇和句法知识，由部分达到对整体的理解，而“自上而下”的听力模式强调听者动用大脑中已有的相关背景知识即内容图式对听力材料进行预测、分析、推理，从而加速听力理解过程，听力过程需要结合使用这两种听力模式。因此，教师要在听力热身过程中帮助学生激活和建立与本课教学内容相关的语言图式和内容图式。

语言图式是听力理解的基础，如果无法识别听力材料中的字、词、句，那么也就谈不上对听力材料的理解。调查问卷也显示，多数学生认为影响自己听力理解的主要因素是单词量不够。教师可以设计一些教学活动帮助激活和建构学生的语言图式。为了节省课堂时间、提高教学效率，教师可以提前在课下给学生布置作业把课堂听力材料中要出现的生词、句型、习惯表达法等语言图式的内容留给学生自己预习，在课堂上可以通过组织一些语言教学活动来加深学生对这些语言知识的印象，起到巩固语言图式的作用。如用学生熟悉的语言知识讲解生词，用一些实物和图片来展示生词，设置一定的场景让学生用听力材料中出现的生词、句型来表演对话等。

根据图式理论我们得知，当听到一段与自己生活经验、文化水平和知识领域相差很远的内容时，都会产生理解上的障碍。这是因为头脑中缺乏相关知识经验储存的图式，无法帮助做出预测、解释和判断。头脑中储存的内容图式越丰富，对事物的理解也就越容易。因此在听力教学中，教师要注意建立和激活学生头脑中相关背景知识的图式。教师可以先让学生在课下通过各种途径收集与本课听力材料主题相关的背景知识，然后在课堂上向大家展示、讨论和共享，也可以利用课件、图片、音频、视频等资料在课堂上帮助学生建立和激活新图式，为更好地理解课文内容做好充分的准备。对于那些学生比较熟悉的题材，教师可以组织学生展开讨论，教师对讨论的结果加以归纳总结。这样可以帮助学生巩固和完善头脑中的图式，达到更好的图式效果。背景知识尤其是文化知识在听力理解的过程中起着非常重要的作用，教师应鼓励学生在课后大量收集这方面的知识，不断丰富自己头脑中的内容图式。

在帮助学生激活和建立相关图式后，教师还要指导学生对即将听到的内容做出预测和联想。作预测可以帮助学生缩小听的范围，降低听力的难度和听者的焦虑，让学生有选择地将注意力集中到相关内容上，排除无关信息的干扰，有效地捕捉重点信息，准确地理解说话人的意图。对材料的预测能力越强，听力理解就会越顺畅。教师可以指导学生根据短文题目、生词表、答案选项、图片等对将要听到的材料内容进行预测。例如，当看到以下四个选项时：A. At the bus stop. B. At the airport. C. In the hotel. D. In the restaurant. 学生会发现这四个选项都是与地点相关，那么学生就会预测在接下来的听力练习中，该问题应该是询问事件或对话发生的地点或见面的地点，在听的过程中，学生就会对表示地点或与这四个地点相关的语言图式和内容图式特别留意，有意识、有目的地去听，就会降低听力理解的难度。

5.4.2 听力理解阶段

听力理解阶段是听说课的主体，是学生运用大脑接受声音符号、进行分析解码的过程，也是利用图式进行预测、验证、推理的过程。在这个过程中，教师要指导学生如何把握听力材料的主要内容，学会抓关键词和关键句，根据文章的篇章结构来预测听力内容的走向，学会记笔记，运用“自上而下”的信息处理方式来帮助加速信息的吸收和同化，以便从整体上来理解文章，越过听力中出现的障碍，教师要指导学生带着问题有针对性地去听材料，将注意力集中在与答题有关的内容上。在一篇听力材料中，往往包含着主要信息、次要信息和冗余信息。主要信息是指与题目有关的信息；次要信息是指虽然与问题没有直接关系，但有利于帮助理解文章内容的相关信息；冗余信息是指与答题无关甚至起到干扰作用的信息。在听力理解的过程中，学生没有必要也不可能理解并记住听到的每一句话。教师要训练学生捕捉关键词，抓住语篇中的主要信息，合理利用次要信息，同时还要排除冗余信息干扰的能力。

此外，不同文章有不同的结构特点。一般来说，一篇文章的开头和结尾，以及听到次数最多的高频词和句式能够反映文章的主要内容。以记叙文为例，记叙文包括时间、地点、人物、事情的起因、经过、结果“六要素”，一般按时间顺序组织材料，因此学生在听记叙文时首先要抓住这六个方面的内容。议论文包括论点、论据和论证三个要素，文章主要围绕阐述自己的观点而展开论述，主题句一般放在每段的开头，接下来对该观点进行论证。听到这种文章教师应提醒学生注意每段的第一句。因此在听力理解阶段，教师应当注意激活学生与语篇结构相关的形式图式，来帮助提炼、归纳出主要意思，加快理解进度。

教师要培养学生在听力过程中养成记笔记的习惯。这是非常必要的一项听力技巧，很多听到的信息如果不记下来，即使当时听懂了，等到听完整个段落也都忘记了，多数人的短时记忆能力都是有限的，尤其是面对过多的有用的信息时。教师要让学生在听的过程中，把听到的相关语言信息记录在本子上，把声音信号转化成文字信号，以方便做题时复习和查阅。在刚开始做笔记时，教师要示范学生记什么、怎么记，并且要检查学生的记录情况，对学生出现的问题给予及时反馈。一般来讲，要记时间、地点、人物、话题或情节；听句子时要记主语、谓语、宾语这类主要句子成分；听到数字要马上记下来，否则很快就会忘记，尤其是一些需要数字进行加减运算的题目，必须要把所有数字都记录下来。

教师要指导学生运用“自上而下”的听力理解模式来越过障碍，从整体上把握文章。多数学生习惯运用“自下而上”的听力理解模式来做听力理解题，过多地关注单词层面，这样在遇到新的词汇或文化背景知识时，由于没有相关的语言或内容图式，就会影响学生的理解。一些理解能力强的同学遇到这种情况会采取“自上而下”的听力理解策略，会通过词组和上下文、背景知识来帮助理解话题，或是暂时忽略不理解的部分，在整个句子听完后，从整体上进行理解。在听力理解过程中，要训练学生使用“自上而下”的处理信息的方式，对听力内容进行联想、猜测以达成理解。在具体运用时，教师可以指导学生通过自己的语言知识、生活常识、语义连贯、听力内容中所涉及的话题、场所、文化背景、上下文情景来激活头脑中相关的图式，揣摩说话人的意图，推理被阻碍中断话语的意思。

5.4.3 听后巩固阶段

听后阶段往往在听力教学过程中被忽略，由于课时有限，教师通常只是赶进度，一个练习紧接着一个练习，很少组织学生对听过的知识进行回顾、深化和总结，教师只是解释学生做错的题目或重新播放大家没听懂的地方。这种传统的听力教学模式没有办法加深学生对听力内容的理解和巩固。其实听后阶段是前两个教学活动的延续和总结，如果加以有效利用，会对本堂课的重点和难点起到巩固与深化的作用。在听的阶段，新的知识转入短时记忆，在听后阶段教师要及时采取一些教学方法引导学生对这些新信息进行加工重组，巩固图式，把储存在短时记忆中的图式转入长期记忆中。例如关于语言图式，教师应该把聆听过程中所遇到的重要生词和语法，再做一些必要的解释和扩展，归纳一些重要的表达法来帮助学生巩固和建构。通过对刚刚听过的内容进行提问可以促进学生加深对听力内容的理解。教师还可以让学生对听过的内容进行复述或讨论，这种方式既可以帮助学生回忆听到的信息，又可以发表自己的意见和看法，有助于巩固图式，还可以锻炼英语口语表达能力。教师也可以选取适合表演的对话材料，让学生分角色扮演，学生对角色扮演的活动一直很感兴趣。总之，听后巩固阶段可以加深学生对信息的理解，强化之前两个阶段的重要教学内容，帮助学生扩充或建构新的图式。

5.6 图式理论与口语教学

在口语表达中，除演讲等特殊形式的单向语言输出外，其他口语交际活动都属于双向或者多向交互式活动。这个过程其实是一个动态的信息循环交流过程，即"解码—编码—再解码—再编码"的过程。听、说两个过程自然的进行循环往复。在实际的英语课堂教学中，听说也是不分家的。听和说在课堂上的时间安排也并没有十分明显的界限，在听前热身阶段、听后巩固阶段，甚至在听力理解阶段，教师都可以随时让学生用英语来回答问题进行讨论。不过笔者在这里还是要从图式理论的角度来对口语教学详细介绍一下。

口语活动是一个主动输出信息的过程。要想顺利输出信息，表达心中所想，就必须先激活头脑中的已有的相关背景知识和语言图式等，然后用具体的词语结构填充变量（查静，2008）。学生认为口语是英语学习中最难的一关，有些学生即使具备很强的听力水平，也很难用英语来流利地表达自己的观点。分析其内在原因，就会发现是学生并没有形成真正的英语语言的语感。语感的形成需要大量的语言输入与语言环境。比如有一名牙牙学语的婴儿，周围的人不断地和他说话，对他进行语言输入，经过一段时间之后，这名婴儿才能从单字到句子再到整段的来表达。学英语也应该是这样。可惜学生们从小的英语学习都是以读写为重，应试为目的，学生们没有大量的语言输入，教师的讲解都是以中文为主，没有机会说英语，甚至连朗读单词都省略了。因此学生并没有形成完整的语言观，没有形成良好的语感，这也是为什么国内的孩子学了十几年的英语之后，依然是“哑巴英语”的原因。形成语感的基础就是语言图式，很多学生在用英语表达时依然会犯低级语法错误，这说明头脑中的语言图式并不扎实，很多时候有很多的话想说，却找不到合适的词来表达，这也是语言图式不足的表现，有时经人提醒会恍然大悟，说明没有有效地激活头脑中的相关图式。回答问题只能明确地用“Yes”或“No”表态，没有更多的扩展，这说明相关的内容图式不够。另外，汉语和英语的形式思维有很大差别，英语直抒胸臆，自己的观点看法要开门见山地说，而汉语是层层铺垫，主要观点总是放在最后说。如果按照汉语的思维去和西方人沟通，那么西方人往往无法抓住说话人所说的重点是什么。因此也要教会学生必要的形式图式。

听说课中听力与口语的教学主题是一样的，因此口语教学的组织也要围绕本课的新知识及教学重点展开。拿语言图式来说，语言图式方面的教学目标是固定的，本课新的语言点学生会在听力材料中听到，为了促进学生加深对新的语言知识的理解与记忆，教师可以利用提问造句、同义词替换等有关口语的教学法来帮助学生加快建构新的语言图式。听说课中学到的内容图式多半是与文化相关的背景知识，在口语输出练习方面，可以采取介绍、复述或评论等方式让学生对新的内容图式加深印象，以帮助学生尽早在头脑中建构相关的图式。

5.7 图式理论在英语听说中的实证研究

笔者所在的学校一直非常重视对非英语专业学生听说能力的培养，听说教学一直采取网络自主学习与语音室听说课并行的方式来进行。将原来的 2 周一次听说课，改为平均一周一次听说课，课程安排设置为单周一次网络自主学习课，学生在网络语音教室自主完成听力任务，双周一次听力课，在听力语音教室完成。笔者的实验也是在这种课时安排下进行的。

5.7.1 实验设计

5.7.1.1 实验目的

本实验的目的是发现在大学英语听说教学中，学生头脑中的三种图式是否对听力理解及口语表达有积极的影响。实验要证明是否充分激活并帮助学生建构三种图式有利于提高学生的听力理解能力及口语表达能力。

5.7.1.2 实验对象

本次教学实验的研究对象为沈阳建筑大学非英语专业 2018 级 B 班笔者任教的两个班级的同学，这两个班级也是同时进行阅读实验的班级：实验班（B1 班 52 人）和对照班（B2 班 54 人）。选择一样的班级出于以下几种考虑：首先，这两个班级人数相当，且英语成绩不相上下，英语现有听说水平接近。其次，同时进行图式理论对于阅读和听说影响的实验能够让学生对图式理论有更加深入的理解，可以更好地了解图式理论对语言学习的重要影响，有助于学生反思自己三种图式存在的不足，从长远角度来看，有助于提高英语综合能力。实验班采用图式理论指导下的听说教学法进行教学，对照班仍然采用常规教学法，以教师放音对答案为主要模式。一学期以后对照分析两组学生的两次成绩的数据，验证是否达到预设的实验结果：图式理论指导下的听说教学模式是否有利于提高学生的英语听说能力。本次教学实验是在 2018 年秋季学期进行的，实验的主体教学部分持续 16 个教学周，随后进行考试及数据分析等，实验时间一共持续 6 个月。

5.7.2　实验过程

本实验主要采用调查问卷、访谈及对比分析三种方法。实验主要由四个阶段组成。第一，实验前同时以同一套试题对实验班和控制班进行前测，了解学生现有的英语听力水平。在学期第一堂听说课对实验班和对照班同学进行计算机辅助口语录音测评，以了解学生口语水平，进一步确定被试选择的合理性。第二，对实验班和对照班分别进行为时 16 周的英语听力教学策略的实施。对实验班在听说教程学习的基础上依据图式理论设计更能帮助学生激活、建构、调整、巩固各种听说图式的教学活动；对照班的英语听说教学没有变化。第三，实验教学结束后，同时用期末考试同一套试题对实验班和控制班进行听力后测，检测两个班的英语听力水平在实验前后的变化。在口语测评方面，依然采用同一道题目进行计算机辅助录音测评方式，检验图式理论指导下的听说教学是否能提高学生英语听说能力。第四，收集实验班和控制班实验前测和后测所得数据，统计学生访谈记录及调查问卷，对本次实验效果系统进行科学分析得出最后结论。

5.7.2.1　前测

2018 年 9 月，2018 级新生在入校后接受了统一的英语摸底测试，以便对学生进行分班教学。题型分为听力选择、阅读、完形填空、写作四个部分，总分 100 分，听力分值 25 分（试题见附录 17），以大学英语四级听力题型为对照，内容涉及新闻、对话及短文，题型均为单项选择题。实验班（B1 班）和对照班（B2 班）两个班的入学摸底测试中的听力部分分数相近，B1 班平均分为 13.58 分（具体成绩参加附录 20），B2 班平均分为 13.57 分（具体成绩参加附录 21）。在第一次语音室听说课时，通过计算机辅助录音方式进行了口语测试，学生以“Welcome to my hometown”为主题自我发挥 3 分钟左右的陈述。选择这个题目的原因是：第一，要了解不同生源地学生的口语基础；第二，对于没有听说练习的新生来说，这个话题他们会感觉比较亲切熟悉，有话可说。

5.7.2.2　实验实施过程

5.7.2.2.1　总体思路

两个班级使用的教材同为外语教学与研究出版社出版的由郑树棠主编的《新视野大学英语听说教程（第三版）》（第一册），均由笔者施教。根据笔者所在学校的课程安排，两个班级每周的教学课时和学期总课时量相同，由于这两个班均为听力实验班，单周有2学时网络自主学习课，双周有2学时听说课，教学进度、作业数量基本一致。在控制了其他变量的情况下，本实验的自变量为教学法：对照班以传统的放音对答案等方法来进行听力教学，实验班则强调激活和构建听说过程中所需的三种图式来进行听说教学，以达到提高听说水平的目的。

5.7.2.2.2 研究工具和方法

按照整体教学安排，本实验以《新视野大学英语听说教程（第三版)》（第一册）前七个单元中的课文内容及难度标准来进行英语听说教学。本教材的特点是选取的听力内容比较新，内容接近学生生活，具体七个单元的主题见下表5—1。

表5－1

单元	主题
Unit 1	Spreading your wings
Unit2	Being a family
Unit3	Living in a digital world
Unit4	Daring and sacrificing
Unit5	Working as a team
Unit6	Learning to work or working to learn?
Unit7	Staying honest in a demanding life

每个单元的教材由五个部分构成，第一部分为热身活动（Warm－up)，主要安排与本文主题相关的短文听力练习，题型多样，有单项选择题、判断题、填空题等，在听力练习之后，会有与所听内容相关的口语练习题目。之后是整个单元最重要的听力部分（Listening)，题

型多为基于对话短文的单项选择题。然后进行口语练习（Speaking），每个单元会各有侧重，例如第一单元以日常交往常用语为主，口语安排随着学习的深入逐步加大难度。紧接着，进行与本单元口语技巧相关的听力及口语练习，听力内容多为对话及短文，题型以填空为主，相对第二部分的听力来说，该部分的听力会加大难度。听音结束后会进行与话题相关的口语练习。整个单元的内容听说练习交替，可见教材的编写以提高学生的听说能力为目标。在最后一部分的作业（Homework）中，听力材料多为新闻报道和短文，题型多为选择，该部分主要与英语四级考试相呼应，具有一定难度。

在实际教学安排上，在单周的听力网络自主学习课上，每次让学生完成一个单元的听力学习，并布置学生在课后查找与本单元相关的背景文化知识。教师通过 U 校园课程平台可以在后台查阅到本班每一名同学的听力答题情况，通过分析学生的成绩，找出具有代表性的全班普遍存在的听力错误，并分析该错误形成的原因，是三种图式中哪一个图式的缺失或未激活造成了这个错误，并根据这个听力难点为学生设计相关听力练习。接下来，在双周的听说学习课上，在听力方面，教师没有必要对学生已经做过的错误较少的听力练习做重听，因为那样只会引起学生的厌倦，浪费有限的课时，教师只需帮助学生重听在自主学习课上错误较多的听力题即可，并帮助学生分析出现错误的原因，之后进行相关的练习来帮助学生扩建或建构相关的图式。在口语方面，围绕每个单元的主题与口语重点以多种教学方式让学生敢于大声说出来，例如：对话、演讲、小组活动、角色扮演等。

实验结束之后，会随机挑选实验班的学生进行访谈，以了解学生对听力教学的感受与认可程度。

5.7.2.2.3　基于图式理论的听说教学设计案例

教学对象：实验班（B1 班）

教　　材：视野大学英语听说教程（第三版）（第一册）

教学内容：Unit Three Living in a digital world

教学时长：2 课时，90 分钟

教学目标：

1. 完成本单元对话、短文听力；

2. 了解新闻英语的语言特征与语篇特征；

3. 掌握与网络相关的短语；

4. 掌握如何邀请别人、接收邀请、拒绝邀请的口语表达；

5. 能够就已给的话题流利地说出自己的观点。

教学过程：

第一部分：导入新课（激活图式）（15 分钟）

本部分主要采取了头脑风暴的方法。首先进行口语练习，由教师提出开放式口语问题：What kind of digital devices do you use in your daily life? Can you live without them now? 本题与学生日常生活相关，电子设备对现在的学生并不陌生，本题的目的在于激活学生头脑中与电子产品相关的单词短语等语言图式。关于第二个问题学生会轻松地回答出“No”，但是在继续扩展说理由的时候会有些吃力，教师可以将学生可能用到的句型、连接词放到屏幕上，辅助学生完成口语练习；然后让学生分组进行头脑风暴，也可以让学生集思广益，把大家想到的不能离开电子产品的理由及后果总结之后放到屏幕上，扩展学生们的内容图式，以帮助学生“有话可说”。

第二部分：课堂主体部分（45 分钟）

1. 与主题相关的听说练习：口语热身练习之后，教师抛出与听力内容相关的问题作为听力导入：What rules do your teachers have for their classes about using cell phones? 在学生稍作讨论之后，教师进行听力课文放音，该题目为填空题，主要注重自上而下的理解听力内容。在完成填空任务之后，教师再次放音，这次让学生以复述的形式来对比文章中的教师及自己的老师对于学生使用计算机和手机的要求有何不同，Why does Professor Johnson make these rules? Why do your teachers make rules? 在教学过程中，邀请三名同学来回答后，笔者认为，学生说的效果并不好，因此给学生展示了参考回答供学生学习。学生的组句能力较差，只能说出词组，而且英文的表达连贯性很差。所以在参考答案讲解过程中，重点强调了连贯的重要性，以及如何达到连贯的用词技巧。

2. 网上自主学习问题复习：教师通过 U 校园平台发现，学生在本单元的听力自主学习的成绩中新闻报道方面的听力成绩很差，因此在课堂上将这部分进行了重听。帮助学生在原文中找出题目的正确答案，并帮助学生分析没有听懂的原因，试图让学生自己从语言图式、内容图式及形式图式三方面来反思自己的弱项所在。学生普遍反映对新闻报道的句式不适应、听不懂，这说明学生对新闻的语篇特征不了解，因此教师应重点以教材中的新闻报道为例，给学生讲解新闻的语篇特征，帮助学生建构新的图式。在理论知识讲解之后，教师以 VOA 慢速新闻为例，以听写的方式，加深学生对新闻语体的了解。

第三部分：口语练习（30 分钟）

1. 相关语言知识学习

本课中的口语重点是如何邀请别人、接收邀请及拒绝邀请的表达方式，教材中给出相关的句型并配有示范对话，教师采用英汉对比的方式来进行教学，帮助学生建构新的英语图式，让学生思考用汉语如何完成和邀请有关的句式，之后对比英语的表达方式，在这个过程中，会有新单词、词组、句型，通过中、英对比的方式来将英语知识与原有的汉语知识产生关联，然后将新的语言点扩充到英语图式中。

2. 课堂口语互动活动

根据本课主题，首先在同桌之间进行有关校园艺术节开幕式的邀请对话。教师在邀请过三组之后，将参考对话展示在屏幕上，让学生挑出这个对话中认为说得比较好的地方，主要目的是扩展语言图式。之后用本课关键句式进行关于邀请别人参加新年晚会的角色扮演，以加深本课的口语知识点。

5.7.2.3　后测

本次实验的听力后测数据来自实验班和对照班 2018 年秋大一上学期期末考试中的听力部分成绩。2018 秋期末考试试卷满分为 100 分，试卷由四个部分组成：听力选择、阅读、完形填空、写作，其中听力分值 25 分，具体听力内容分为新闻听力、对话、短文，题型均为单选题（后测试卷见附录 18）。实验班与对照班在学期末均采用同一份试卷进行后测，阅卷统一采用答题卡涂卡机器阅卷确保准确公正，并对考试成绩进行统计。口语考试在教学周第 16 周的听力课上进行，考试前给予实验班和对照班学生一个统一的指定话题：To many freshman students，starting college means facing a great number of big and small changes. What changes are you experiencing now? 在语音教室进行录音考试。依旧由负责前测评分的两位教师对学生的录音进行打分，取平均分计入学生成绩。后测主要考查：实验班和对照班的听力与口语测试成绩是否存在显著性差异，即图式理论在大学英语听说教学中的应用是否有效。

5.7.3 实验结果

经过16周的教学，在2018年秋季学期的期末考试中，听力满分为25分，实验班（B1班）实际参加考试52人，对照班（B2班）实际参加考试人数53人（一人因病缓考），期末试卷听力部分的成绩分别为：B1班平均分为14.10分（附录20），B2班平均分为13.17分（附录21）。实验班（B1班）听力成绩略高于入学摸底考试成绩（13.58分），对照班阅读成绩略低于入学摸底考试成绩（13.57分）；实验班听力成绩高于对照班听力成绩。口语成绩满分为15分，B1班后测口语成绩平均分为7.21分，B2班平均分为6.96分。实验班（B1班）口语成绩略高于本学期初的前测成绩（6.98分），对照班口语成绩略低于前测成绩（6.98分）。

5.7.4 实验结果分析

通过分析实验中的前测数据和后测数据，我们可以得到以下结果：实验班与对照班的听力与口语前测成绩并不存在显著性差异，但两个班的听力与口语后测成绩存在显著性差异，对照班两项成绩照前测均有小幅下降，而实验班的听力口语后测成绩均高于对照班，高于本班的前测成绩。这说明在进行教学实验之前，两个班学生的听说水平基本持平，但在为期一学期的实验后，运用图式理论指导英语听说教学的实验班的考试成绩比仍然采用传统教学方法的对照班的考试成绩提高得更为明显。由此可以看出，在目前大学英语的教学模式下，采用听力自主学习与课堂教学相结合的听说教学模式在提高学生的英语听说能力方面更有优势。这种教学模式值得推广。

具体分析学生的听力成绩会发现，在新闻、对话、短文三种听力题中，学生的新闻与对话得分较高，新闻听力题目的准确率上升明显，这是笔者之前未曾预料到的。尽管此前多数学生表示新闻听力是他们觉得最难听懂的，在前测中正确率很低，但是由于学生掌握了新闻体裁的语言特征与形式特征，能够按照“自上而下”的教学模式来从整体把握文章，因此新闻听力部分成绩提升明显。而短文部分正确率依旧是最低的，说明学生在短文听力中仍然抓不住重点，根据题干对题目的预测能力仍然有待提高。

在口语方面，通过实验班的前测成绩与后测成绩对比发现，前测中中等分数段同学及高分段同学的提升比较明显，低分段同学提升不明显，而且很多同学成绩呈下降趋势。口语分数的提高主要是表达内容的提高与丰富，语音语调的进步不明显。通过访谈，笔者了解到绝大多数同学都有在大学阶段提升英语听说能力的愿望，中等分数段及高分段同学的自信心与学习动力要高于低分段同学，低分段同学对自己的语音、语调缺乏自信，不敢开口，不开口在课堂上就得不到锻炼，不锻炼口语水平就得不到提高，这样就形成恶性循环，最后在口语方面容易自暴自弃，成绩越来越差。另外，由于地区差异，学生的语音、语调差距明显，而且多数同学反映没有经过系统的语音学习，在课时有限的情况下，教师无法做到纠正每个学生的语音，在语音和语调方面提升不多，这也是影响学生成绩提升的一个原因。

5.7.5 实验对英语听说教学的启示

经过一个学期的实验可以看出，在大学英语听说课堂上，采取网络自主学习与课堂教学相结合的听力教学模式是行之有效地提高学生听力水平的教学方法。这种方法改变了传统的听力教学方法与理念，网络自主学习给予学生自我调控学习进度与速度的权力，能够让学生按照自己的水平来决定学习的速度与进度，消除了教师放音提问对学生尤其是听力基础差的学生所产生的焦虑感，教师根据网络自主学习的成绩走向可以了解学生的听力难点，从而在课堂上围绕该难点有侧重地进行教学，围绕激活或建构学生英语听力相关的语言图式、内容图式和形式图式三个方面来有序展开教学，比传统的放音对答案更具有教学针对性，是一种可操作的教学手段。

需要注意的是，网络自主学习的方式固然有很多好处，但是教师要注意对学生的监管。缺乏学习自觉性的学生会通过网络搜索答案蒙混过关，为了达到教师要求的时长，长时间挂在网上不学习，这样自主学习就流于形式，无法达到学习效果，失去了意义。因此教师要采取有效手段对学生的学习实施积极的干预，如进行学习目标的引导与规划、指导学习计划的制订、介绍学习策略并监控学习过程、评估与反思学习效果等，同时为保证学习监控的落实到位，也很有必要建立一种学生、教师、网络管理员、学习同伴等全员参与的多主体、多层面和多维度的多元监控体系，以确保自主学习的实效。教师可以检查学生登录时段、登录次数、学习项目、学习时间、习题成绩、测验成绩等，并进行统计分析，了解不足，从而在听说课堂上进行合理指导。

实验表明，学生的英语听说能力不好，不单单是语言知识的不足造成的，在听力输入与口语输出的过程中，语言图式、内容图式与形式图式三种图式共同作用，缺一不可，因此教师在教学中应从学生的角度来分析，是哪种图式没有被有效激活或者哪种图式的缺失造成了听说困难，从而安排教学任务，设计教学方法来提高学生的英语听说能力。教师对学生已有图式的了解也要全面、到位，不然在教学活动中激活、构建、巩固学生的图式结构的方式的把握度上会有偏差，针对性减弱，教学效果不能达到最好。

为了达到更好的教学效果，教师要不断改善听力教学方法。同样的教学方法反复使用之后会让学生感到厌烦，产生抵触，无法激发其学习兴趣。按照克拉申的观点，教师应当设法调动学生的积极性，减轻学生的焦虑，创造一个轻松、愉快的课堂气氛，使学生有目的、主动地去听，这样得到的信息才是“可理解输入”，这样的输入才有利于语言的习得。因此，要以学生为中心，用多样的教学方法充分调动其积极性，才能提高学生的听力水平。由此可见，教师应当是听力课堂教学活动中引领学生积极思考并参与活动的领导者，所以在听力课上教师要不断改善自己的教学模式，听说结合，以说促听，提高学生的听说水平。

另外，教师在整个听说教学过程中要注意课堂语言的使用，对学生以鼓励和表扬为主，培养他们英语听说的自信心，减少学生对听力语料的焦虑心理，减少学生对口语表达的畏惧心理。

5.7.6 研究局限性

尽管实验总体进行得很顺利并取得了预期的成果，但是仍然存在一些缺陷和不足，仍然有一些问题还没有研究清楚，需要更多学者做后续研究。首先，由于听说实验与阅读实验是同一学期进行，所以笔者的备课压力很大，本研究在对听说过程中图式的激活、建构、巩固、完善等过程的研究还不够深入，如何设计出更多、更有效的能够帮助激活学生头脑中已有图式的教学活动，还需其他教师在今后的教学实践中不断开发和创新，教师如何才能更加全面地了解学生的已有图式是一项复杂的任务，因为每个学生的学习经历、生源地、英语基础都存在着很大差别，需要教师进一步研究。其次，尽管实验班学生的口语成绩有所提高，但是并不代表他们日常交往的口语能力也随之提高，口语的提高是日积月累的结果，单单依靠课堂的练习是远远不够的。另外，本实验的样本小，持续时间只有短短的一个学期，数据不具有强大的说服力，但是对于广大的英语教师还是有一定启示作用的。

6. 结　语

英语的听、说、读、写四大技能相互关联，互为补充，尽管教学中的课程是分开进行的，但是在实际教学中读写课上少不了英语的听说练习，听说课上也少不了阅读的进行。头脑中的图式也是相通的，图式的激活往往也是同时的，总体来说，要想学好、学通英语，首先需要掌握足够的语言图式，这是学好英语的基础，在此基础上才能理解内容图式与形式图式。培养学生的图式观，能够让学生正确了解自己的英语语言结构，了解自己的不足在哪里，是什么原因造成的不足，继而有目的地进行学习补充。培养教师的图式观，教师才能在教学中有的放矢地来进行教学，有目的地激活和建构学生的三种图式。图式理论注重学生的知识内化过程，用图式理论指导教学才能够真正地将以学生为主落在实处。这也就是为什么我国自 20 个世纪 80 年代将图式理论与外语教学结合起来进行研究便获得了广泛关注。1997 年以来，相关研究进入活跃时期，2000 年以后，图式理论与外语教学研究吸引的研究者越来越多，图式理论不再局限于对外语听、说、读、写四大技能的指导，也出现了图式理论对口译与笔译，外语学习与汉语学习，文学翻译与非文学翻译，语料库，甚至是其他学科（如数学与物理）的指导研究，呈现出一派繁荣景象。

但是当我们仔细研究图式理论对英语教学时，就会发现大部分研究止步于理论研究。既然对实际教学有这么多的好处，那么为什么该研究并没有被广泛地应用于实际教学中呢？笔者在进行实验的这两个学期感受到，首先，这种教学模式对教师要求较高。不同于新的教学仪器或教学方法的引入，如果想大范围铺开图式理论来指导外语教学，那么就需要对所有任课教师进行图式理论的培训，这个过程需要耗费大量的人力和物力。而很多年龄偏大的教师对学习新的教学理论与体系比较抵触，而且接受起来要慢一些。教师如果对图式理论的理解不全面、不完整，就会影响教学活动的安排与设计，继而影响教学效果。其次，教师备课量过大。第一，教师要了解学生已有的图式，需要激活或建构的图式，然后要根据教学目标来设计教学活动，努力做到激活、扩充或建构学生的三种图式，而且教学活动要不断更新才能更好地调动学生的积极性。不同班级学生的学习水平与需求是不同的，因此在整个备课过程中教师的任务繁重。如何能够在一个年级甚至一个学校全面进行图式理论来指导英语学习，还需要学校及任课教师的集体配合才能实现。

随着人类对计算机、人工智能、认知科学、认知心理学等学科研究的深入，认知模式和认知过程也日益受到我国外语教学界的关注，近年来图式理论研究的升温充分说明了这一“认知”研究趋势，这是因为图式理论可以用来诠释任何学习经验。因此，图式理论对外语教学研究的启示不仅限于以上笔者提到的研究内容，除了加深以上提到各个层面的研究，还可以进行图式理论与教材编写、课堂教学活动的设计研究；图式理论与外语教学中的记忆问题；图式理论与语用失误；学生图式的个体差异问题；图式理论与交际中的误解问题；图式理论与文化偏见研究；图式理论与词典编纂等方面的研究。笔者的研究只希望能为广大高校英语教师起到一个抛砖引玉的作用，期待更多的教师有更多的图式与教学结合研究成果，以提高非英语专业学生的英语水平。

附录1 大学生英语阅读能力与水平调查问卷

亲爱的同学：

你好！本问卷旨在了解你对英语阅读方面的兴趣、态度和信心，以及常用的阅读技巧，与你的考试成绩无关。1－20 题为单选题，21 题可多选，22 题为开放式问题，我们期待得到大家的真诚建议与意见。本问卷采用匿名调查方式。谢谢大家的支持。

1. 我喜欢阅读英语文章，对英语阅读很感兴趣。

A. 否　　B. 不确定　　C. 是

2. 我对我的阅读理解能力有信心。

A. 否　　B. 不确定　　C. 是

3. 我能够感受到英语阅读带来的乐趣。

A. 否　　B. 不确定　　C. 是

4. 我经常在课后阅读课本以外的英语文章。

A. 否　　B. 不确定　　C. 是

5. 我阅读英语文章就是为了应付期末考试和四六级考试。

A. 否　　B. 不确定　　C. 是

6. 我认为平时加强阅读练习可以提高英语阅读能力。

A. 否　　B. 不确定　　C. 是

7. 在做阅读理解时，我能够找出关键句，并很快得出正确答案。

A. 否　　B. 不确定　　C. 是

8. 在做阅读理解时，常常用笔指着单词逐句逐字翻译成中文。

A. 否　　B. 不确定　　C. 是

9. 在做阅读理解时，能够知道所有的单词和句子结构，但不能正确回答所提出的问题。

A. 否　　B. 不确定　　C. 是

10. 我认为掌握阅读技巧有助于阅读理解。

A. 否　　B. 不确定　　C. 是

11. 我会根据文章不同的要求采取略读、寻读、猜测词意等阅读技巧。

A. 否　　B. 不确定　　C. 是

12. 在做阅读理解时，使用传统的“自下而上”的阅读方法（也就是从单词到短语，再到句子结构的理解）。

A. 否　　B. 不确定　　C. 是

13. 我认为阅读有关文章的背景知识（如文化知识或亲身经历）有助于阅读理解。

A. 否　　B. 不确定　　C. 是

14. 我认为语篇结构知识有助于阅读理解。

A. 否 B. 不确定 C. 是

15. 在做阅读理解时，经常会遇到长难句，导致不能理解文章的内容。

A. 否 B. 不确定 C. 是

16. 在做阅读理解时，经常会总结文章大意。

A. 否 B. 不确定 C. 是

17. 在做阅读理解时，能够充分利用与之有关的文化背景知识。

A. 否 B. 不确定 C. 是

18. 在做阅读理解时，能根据上下文线索猜出陌生单词的意思。

A. 否 B. 不确定 C. 是

19. 我喜欢目前的英语读写课讲授方式。

A. 否 B. 不确定 C. 是

20. 我认为现在的读写课有助于提高我的阅读理解能力。

A. 否 B. 不确定 C. 是

21. 你认为在你的英语阅读中最大的障碍是什么？（可多选）

A. 单词量

B. 语法知识

C. 文化背景知识

D. 阅读速度

E. 阅读技巧

F. 心理因素，例如，紧张、焦虑

22. 你能谈谈理想中的英语课是什么样子的吗？

____

附录2　阅读前测试题

Pre – test paper

Directions: *For this part*, *you are allowed* 40 *minutes to finish the four passages. Each passage is followed by five questions. For each of them there are four choices marked A*, *B*, *C and D. You should decide on the best choice and mark the corresponding letter on the given paper.*

Passage One

Junk food is everywhere. We're eating way too much of it. Most of us know what we're doing and yet we do it anyway.

So here's a suggestion offered by two researchers at the Rand Corporation: Why not take a lesson from alcohol control policies and apply them to where food is sold and how it's displayed? "Many policy measures to control obesity（肥胖症）assume that people consciously and rationally choose what and how much they eat and therefore focus on providing information and more access to healthier foods," note the two researchers. "In contrast," the researchers continue, "many regulations that don't assume people make rational choices have been successfully applied to control alcohol, a substance—like food—of which immoderate consumption leads to serious health problems."

The research references studies of people's behavior with food and alcohol and results of alcohol restrictions, and then lists five regulations that the researchers think might be promising if applied to junk foods. Among them: Density restrictions: licenses to sell alcohol aren't handed out unplanned to all comers but are allotted (分配) based on the number of places in an area that already sell alcohol. These make alcohol less easy to get and reduce the number of psychological cues to drink. Similarly, the researchers say, being presented with junk food stimulates our desire to eat it.

So why not limit the density of food outlets, particularly ones that sell food rich in empty calories? And why not limit sale of food in places that aren't primarily food stores? Display and sales restrictions: California has a rule prohibiting alcohol displays near the cash registers in gas stations, and in most places you can't buy alcohol at drive-through facilities.

At supermarkets, food companies pay to have their wares in places where they're easily seen. One could remove junk food to the back of the store and ban them from the shelves at checkout lines. The other measures include restricting portion sizes, taxing and prohibiting special price deals for junk foods, and placing warning labels on the products.

1. What does the author say about junk food?

A. People should be educated not to eat too much.

B. It is widely consumed despite its ill reputation.

C. Its temptation is too strong for people to resist.

D. It causes more harm than is generally realized.

2. What do the Rand researchers think of many of the policy measures to control obesity?

A. They should be implemented effectively.

B. They provide misleading information.

C. They are based on wrong assumptions.

D. They help people make rational choices.

3. Why do policy makers of alcohol control place density restrictions?

A. Few people are able to resist alcohol's temptations.

B. There are already too many stores selling alcohol.

C. Drinking strong alcohol can cause social problems.

D. Easy access leads to customers' over – consumption.

4. What is the purpose of California's rule about alcohol display in gas stations?

A. To effectively limit the density of alcohol outlets

B. To help drivers to give up the habit of drinking

C. To prevent possible traffic jams in nearby areas

D. To get alcohol out of drivers' immediate sight

5. What is the general guideline the Rand researchers suggest about

junk food control?

A. Guiding people to make rational choices about food.

B. Enhancing people's awareness of their own health.

C. Borrowing ideas from alcohol control measures.

D. Resorting to economic, legal and psychological means.

Passage Two

Fairway Kenwood is a quality Private Hire Car Service company. The company has a long and established service history with a quarter of a century of experience in private car hire, catering (迎合) for client's transport requirements.

All our drivers and vehicles are licensed by the Public Carriage Office. All our vehicles are fitted with most up-to-date computer systems. We provide transportation the whole day, seven days a week. We accept all credit car booking. We undertake long distance journeys and be happy to give you a quote on request.

When you call, our sales representatives are ready and waiting to assist with your transport requirements. They can provide full information on the company's operation and how our service fits into your requirements and can help you during your visit to London.

Our professional sales team can offer suggestions on how perhaps you can save money on travel while you are in London. Sightseeing and shopping trips can be arranged with very competitive prices, We offer a number of special services for vehicles and private uses: Wedding Service, for those special occasions; guided tour of London famous locations: VIP

Service, for that additional extra service.

6. Fairway Kenwood is a company that ________.

A. has a history of nearly a century

B. sell various vehicles to clients

C. provide private Car Hire Service

D. enjoys a good name in the car industry

7. The company's vehicles are equipped with ________.

A. up - to - date video players

B. the latest computer system

C. a new model of card reader

D. an automatic quoting machine

8. From the passage, we know that you can contact the sales representatives by ________.

A. fax

B. email

C. telephone

D. personal visit

9. The professional sales team of the company can help clients to ________.

A. save money while eating in London

B. do sightseeing at a lower price

C. get free special private services

D. enjoy free shopping trips

10. Which of the following special services is provided by the company?

A. Wedding service

B. Booking hotels in London

C. Traveling around the word

D. Discounts for frequent travelers

Passage Three

Could you reproduce Silicon Valley elsewhere, or is there something unique about it?

It wouldn't be surprising if it were hard to reproduce in other countries, because you couldn't reproduce it in most of the US either. What does it take to make a Silicon Valley?

It's the right people. If you could get the right ten thousand people to move from Silicon Valley to Buffalo, Buffalo would become Silicon Valley.

You only need two kinds of people to create a technology hub (中心): rich people and nerds (痴迷科研的人).

Observation bears this out. Within the US, towns have become start up hubs if and only if they have both rich people and nerds. Few startups happen in Miami, for example, because although it's full of rich people, it has few nerds. It's not the kind of place nerds like.

Whereas Pittsburg has the opposite problem: plenty of nerds, but no rich people. The top US Computer Science departments are said to be MIT, Stanford, Berkeley, and Carnegie – Mellon. MIT yielded Route 128. Stanford and Berkeley yielded Silicon Valley. But what did Carnegie – Mellon yield in Pittsburgh? And what happened in Ithaca, home of Cornell University, which is also high on the list.

I grew up in Pittsburgh and went to college at Cornell, so I can answer for both. The weather is terrible, particularly in winter, and there's no interesting old city to make up for it, as there is in Boston. Rich people don't want to live in Pittsburgh or A Study on College English Reading Based on Tasks from the Perspective of Schema Theory Ithaca. So while there are plenty of hackers（电脑迷）who could start startups, there's no one to invest in them.

Do you really need the rich people? Wouldn't it work to have the government invest the nerds? No, it would not. Startup investors are a distinct type of rich people. They tend to have experience themselves in the technology business. This helps them pick the right startups, and means they can supply advice and connections as well as money. And the fact that they have a personal stake in the outcome makes them really pay attention.

11. What do we learn about Silicon Valley from the passage?

A. Its success is hard to copy any whereelse.

B. It is the biggest technology hub in the US.

C. Its fame in high technology is incomparable.

D. It leads the world in information technology.

12. What makes Miami unfit to produce a Silicon Valley?

A. Lack of incentive for investments

B. Lack of the right kind of talents

C. Lack of government support

D. Lack of famous universities

13. In what way is Carnegie – Mellon different from Stanford, Berkeley and MIT?

A. Its location is not active to rich people.

B. Its science departments are not nearly as good.

C. It does not produce computer hackers and nerds.

D. It does not pay much attention to business startups.

14. What does the author imply about Boston?

A. It has pleasant weather all year round.

B. It produces wealth as well as high – tech.

C. It is not likely to attract lots of investors and nerds.

D. It is an old city with many sites of historical interest.

15. What does the author say about start up investors?

A. They are especially wise in making investments.

B. They have good connections in the government.

C. They can do more than providing money.

D. They are enough to invest in nerds.

Passage Four

Many private institutions of higher education around the country are in danger. Not all will be saved, and perhaps not all deserve to be saved. There are low – quality schools just as there are low – quality business. We have no obligation to save them simply because they exist.

But many thriving institutions that deserve to continue are threatened. They are doing a fine job educationally, but they are caught in a financial squeeze, with no way to reduce rising costs or increase revenues significantly. Raising tuition doesn't bring in more revenue, for each time tuition goes up, the enrollment goes down, or the amount that must be given away in student aid goes up. Schools are bad businesses, whether public or private, not usually because of mismanagement but because of the nature of the enterprise. They lose money on every customer, and they can go bankrupt either from too few students or too many students. Even a very good college is a very bad business.

It is such colleges, thriving but threatened, I worry about. Low enrollment is not their chief problem. Even with full enrollments, they may go under. Efforts to save them, and preferably to keep them private, are a national necessity. There is no basis for arguing that private schools are inherently (固有地) better than public schools. Examples to the contrary abound. Anyone can name state universities and colleges that rank as the finest in the nation and the world. It is now inevitable that public institutions will be dominant, and therefore diversity is a national necessity. Diversity in the way we support schools tends to give us a healthy diversity in the forms of education. In an imperfect society such as ours, uniformity of education throughout the nation could be dangerous. In an imperfect society, diversity is a positive good. Enthusiastic supporters of public higher education know the importance of sustaining private higher education.

16. According to the author's opinion, schools are bad businesses because of ________.

A. mismanagement　　　B. too few students

C. financial squeeze　　　D. their characteristics

17. The author used the phrase "go under" in Para. 3 to mean "________".

A. get into difficulties　　　B. have low enrollment

C. have little money　　　　　D. bring in more money

18. We can reasonably conclude from this passage that the author made an appeal to the public in order to support ________.

A. public institution　　　　　B. private schools

C. uniformity of education　　　　　D. diversity of education

19. Which of the following is NOT mentioned about private schools?

A. High – quality private schools deserve to be saved.

B. If the tuition of the private schools is raised, the enrollment goes down.

C. There are many cases to show that public schools are better than private schools.

D. Private schools are more profitable than public schools.

20. Which of the following ways could possibly save private schools?

A. Raising tuition

B. Full enrollment

C. National awareness and support

D. Reduction of rising costs

附录3 阅读后测试题

Post – test paper

Directions: *For this part*, *you are allowed* 40 *minutes to finish the four passages. Each passage is followed by five questions. For each of them there are four choices marked A*, *B*, *C and D. You should decide on the best choice and mark the corresponding letter on the given paper.*

Passage One

Some of the world's most significant problems never hit headlines. One example comes from agriculture. Food riots and hunger make news. But the trend lying behind these matters is rarely talked about. This is the decline in the growth in yields of some of the world's major crops. A new study by the University of Minnesota and McGill University in Montreal looks at where, and how far, this decline is occurring.

The authors take a vast number of data points for the four most important crops: rice, wheat, corn and soybeans（大豆）. They find that on between 24% and 39% of all harvested areas, the improvement in yields that took place before the 1980s slowed down in the 1990s and 2000s.

There are two worrying features of the slowdown. Firstly, it has been particularly sharp in the world's most populous（人口多的）countries, India and China. Their ability to feed themselves has been an important source of relative stability both within the countries and on world food markets. That self-sufficiency cannot be taken for granted if yields continue to slow down or reverse.

Secondly, yield growth has been lower in wheat and rice than in corn and soybean. This is problematic because wheat and rice are more important as foods, accounting for around half of all calories consumed. Corn and soybeans are more important as feed grains. The authors note that "we have preferentially focused our crop improvement efforts on feeding animals and cars rather than on crops that feed people and are the basis of food security in much of the world."

The report qualifies the more optimistic findings of another new paper which suggests that the world will not have to dig up a lot more land for farming in order to feed 9 billion people in 2050, as the Food and Agriculture Organization has argued. Instead, it says, thanks to slowing population growth, land currently ploughed up for crops might be able to revert（回返）to forest or wilderness. This could happen. The trouble is that the forecast assumes continued improvements in yields, which may not actually happen.

1. What does the author try to draw attention to?

A. Food riots and hunger in the world.

B. News headlines in the heading media.

C. The decline of the grain yield growth.

D. The food supply in populous countries.

2. Why does the author mention India and China in particular?

A. Their self – sufficiency is vital to the stability of world food markets.

B. Their food yields have begun to decrease sharply in recent years.

C. Their big populations are causing worldwide concerns.

D. Their food self – sufficiency has been taken for granted.

3. What does the new study by the two universities say about recent crop improvement efforts?

A. They fail to produce the same remarkable results as before the 1980s.

B. They contribute a lot to the improvement of human food production.

C. They play a major role in guaranteeing the food security of the world.

D. They focus more on the increase of animal feed than human food grains.

4. What does the Food and Agriculture Organization say about world food production in the coming decades?

A. The growing population will greatly increase the pressure on world food supplies.

B. The optimistic prediction about food production should be viewed with caution.

C. The slow down of the growth in yields of major food crops will be reversed.

D. The world will be able to feed its population without increasing farmland.

5. How does the author view the argument of the Food and Agriculture Organization?

A. It is built on the findings of a new study.

B. It is based on a doubtful assumption.

C. It is backed by stronge evidence.

D. It is open to further discussion.

Passage Two

There are three kinds of goals: short – term, medium – range and long – term goals.

Short – term goals are those that usually deal with current activities, which we can apply on a daily basis. Such goals can be achieved in a week or less, or two weeks, or possible months. It should be remembered that just as a building is no stronger than its foundation, our long – term goals cannot amount to very much without the achievement of solid short – term goals. Upon completing our short – term goals, we should date the occasion and then add new short – term goals that will build on those that have been completed.

The intermediate goals build on the foundation of the short – range goals. They might deal with just one term of school or the entire school year, or they could even extend for several years. Any time you move a step at a time, you should never allow yourself to become discouraged or overwhelmed. As you complete each step, you will enforce the belief in your ability to grow and succeed. And as your list of completion dates grow, your motivation and desire will increase.

Long – term goals may be related to our dreams of the future. They might cover five years or more. Life is not a static thing, we should never allow a long – term goal to limit us or our course of action.

6. Our long – term goals mean a lot ________.

A. if we complete our short – term goals

B. if we cannot reach solid short – term goals

C. if we write down the dates

D. if we put forward some plans

7. New short – term goals are built upon ________.

A. two years

B. long – term goals

C. current activities

D. the goals that have been completed

8. When we complete each step of our goals, ________.

A. we will win final success

B. we are overwhelmed

C. we should build up confidence of success

D. we should have strong desire for setting new goals

9. Once our goals are drawn up, ________.

A. we should stick to them until we complete them

B. we may change our goals as we have new ideas and opportunities

C. we had better wait for the exciting news of success

D. we have made great decision

10. It is implied but not stated in the passage that ________.

A. those who have long - term goals will succeed

B. writing down the dates may discourage you

C. the goal is only a guide for us to reach our destination

D. everyone should have a goal

Passage Three

Everybody has an opinion about telecommuting (远程办公). "It won't work in most jobs" "It costs too much" "It reduces air pollution" "It helps people balance family and work responsibilities and most people are doing it".

In reality, researchers continue to find strong growth and acceptance of telecommuting. Nearly two - thirds of the top 1000 companies in the world have a telecommuting program, and 92% say it reduces cost and improves worker productivity (生产力). The days of everyone commuting to the office five days a week are quickly disappearing.

Telecommuting involves a non - traditional work arrangement enabling workers to work at home or elsewhere, some or all of the time. This is not new, novel, or untested way of working.

But is it for you? Telecommuting is not panacea (万能). Whether you are a manager, or an HR specialist, there are decisions to make and actions to take before you begin a telecommuting arrangement.

Join us for any or all of the following meetings to get answers, information, and resources to develop and carry out a successful telecommuting arrangement. Each meeting offers you an informative presentation followed by the opportunity for a discussion with a panel of "expert" who have made telecommuting work for them.

11. How do people look at telecommuting according to the 1st paragraph?

A. They are against it.

B. They don't care about it.

C. They share the same view.

D. They differ in their opinions.

12. What does the word "novel" mean ________.

A. story　　B. new style

C. prose　　D. writing

13. Which of the following statement is TRUE of the telecommuting?

A. It is up to the employees to accept it or not.

B. It is getting popular in different countries.

C. It is a new untested way of working.

D. It is a traditional work arrangement.

14. Before beginning a telecommuting arrangement, the management should ________.

A. appoint a new HR specialist

B. provide the facilities and conditions

C. improve the company's productivity first

D. decide whether it is suitable for the company

15. According to the last paragraph, meetings are held to ________.

A. appreciate the efforts of the telecommuting company

B. discuss the employment of telecommuting experts

C. help introduce the practice of telecommuting

D. train people before they start telecommuting

Passage Four

One of the bitterest and most time – worn debates in student union bars up and down the country is resolved as academic research confirms that in financial terms at least, arts degrees are a complete waste of time. Getting through university boosts students' earnings by 25%, on a weighted average, or $220 000 over their lifetime, according to Professor Ian Walker of Warwick University – but if they study Shakespeare or the peasants' revolt instead of anatomy of contract law, those gains are likely to be completely wiped out.

The government is about to allow universities to charge students up to $3 000 a year for their degrees, arguing that it's a small price to pay compared with the financial rewards graduates reap later in life. But Prof. Walker's research shows there are sharp variations in returns according to which subject a student takes.

Law, medicine and economics or business are the most lucrative choices, making their average earnings 25% higher, according to the article, published in the office for national statistics' monthly journal. Scientists get 10% ~ 15% extra. At the bottom of the list are arts subjects, which make only a "small" difference to earnings – a small negative one, in fact. Just ahead are degrees in education – which leave hard pressed teachers an average of 5% better off a year than if they had left school at 18.

"It's hard to resist the conclusion that what students learn does matter a lot; and some subject areas give more modest financial returns than others," Prof. Walker said. As an economist, he was quick to point out that students might gain non – financial returns from arts degrees: "Studying economics might be very dull, for example, and studying post – modernism might be a lot of fun."

16. What is the best title for the passage?

A. Professor Walker's Research

B. How to Make Big Money

C. Differences Between Science and Arts Degrees

D. Studying Arts Has Negative Financial Outcome

17. Universities charge students a rather high tuition mainly because ________.

A. they provide the students with very prosperous subjects to learn

B. they assume that their graduates can earn much more than they had paid

C. they don't get financial support from the government

D. they need much revenue to support the educational expenses

18. The word "lucrative" (Line 1, Para. 4) most probably means ________.

A. sensible

B. creative

C. profitable

D. reliable

19. Law, medical and business graduates could earn 25% more than ________.

A. education graduates

B. arts graduates

C. those who had not studied at the university

D. the average income

20. We can safely conclude that the author ________.

A. regards arts degrees as meaningless

B. finds this result disappointing and unfair

C. wants the students to think twice before they decide what to learn in college

D. holds that arts degrees are still rewarding despite its scarce financial returns

附录 4　实验班阅读前测后测成绩对比

序号	学号	前测（40 分）	后测（40 分）
1	18××××1022	38	40
2	18××××0533	32	34
3	18××××0324	30	32
4	18××××0710	32	34
5	18××××0229	28	30
6	18××××0622	28	32
7	18××××0630	28	30
8	18××××0806	28	32
9	18××××0405	24	26
10	18××××0102	26	24
11	18××××0202	28	28
12	18××××0205	24	24
13	18××××0303	34	36
14	18××××0903	26	24

续表

序号	学号	前测（40分）	后测（40分）
15	18×××0913	28	28
16	18×××0126	26	26
17	18×××0408	24	24
18	18×××0613	26	26
19	18×××0633	28	30
20	18×××0722	24	26
21	18×××0915	30	32
22	18×××0201	28	28
23	18×××0309	24	22
24	18×××0929	24	24
25	18×××0223	30	30
26	18×××0313	24	24
27	18×××0429	30	32
28	18×××1014	26	26
29	18×××0327	32	34
30	18×××0221	28	30
31	18×××0618	26	24
32	18×××0729	24	22
33	18×××0811	22	24
34	18×××0617	26	28
35	18×××0632	26	28
36	18×××0204	24	26
37	18×××0109	28	28
38	18×××0401	24	24
39	18×××0819	28	26
40	18×××0212	20	18
41	18×××0308	26	24
42	18×××0214	24	26
43	18×××0523	22	20

续表

序号	学号	前测（40分）	后测（40分）
44	18×××0229	22	22
45	18×××0607	20	20
46	18×××0901	24	22
47	18×××0931	24	26
48	18×××0521	16	12
49	18×××0227	18	14
50	18×××0111	16	14
51	18×××0112	14	10
52	18×××0614	10	8
	平均分	25.42	25.65

附录 5　对照班阅读前测后测成绩对比

序号	学号	前测（40 分）	后测（40 分）
1	18 × × × ×0114	38	38
2	18 × × × ×0112	34	36
3	18 × × × ×0221	32	30
4	18 × × × ×0420	30	30
5	18 × × × ×0402	30	32
6	18 × × × ×0501	30	28
7	18 × × × ×0131	32	32
8	18 × × × ×0205	28	28
9	18 × × × ×0518	24	22
10	18 × × × ×0113	28	30
11	18 × × × ×0102	30	30
12	18 × × × ×0133	24	22
13	18 × × × ×0521	32	30
14	18 × × × ×0409	28	30

续表

序号	学号	前测（40 分）	后测（40 分）
15	18××××0118	30	28
16	18××××0102	32	30
17	18××××0506	32	30
18	18××××0122	32	28
19	18××××0104	30	28
20	18××××0107	26	24
21	18××××0212	28	24
22	18××××0407	28	26
23	18××××0103	24	26
24	18××××0508	24	24
25	18××××0119	26	26
26	18××××0124	26	26
27	18××××0130	28	缺考
28	18××××0201	26	28
29	18××××0517	32	32
30	18××××0123	26	22
31	18××××0510	28	28
32	18××××0125	24	22
33	18××××0101	26	24
34	18××××0512	26	28
35	18××××0503	22	20
36	18××××0101	20	16
37	18××××0122	28	28
38	18××××0222	26	28
39	18××××0127	24	22
40	18××××0401	28	30
41	18××××0204	24	22
42	18××××0412	18	16
43	18××××0531	22	22

续表

序号	学号	前测（40 分）	后测（40 分）
44	18××××0108	26	28
45	18××××0118	20	18
46	18××××0505	18	14
47	18××××0207	20	14
48	18××××0504	20	18
49	18××××0513	20	14
50	18××××0127	12	10
51	18××××0106	16	18
52	18××××0120	16	14
53	18××××0216	10	10
54	18××××0111	10	8
	平均分	25.44	24.38

附录6　阅读实验读写课文

Unit One. The Pursuit of Dreams

Text: Deaf DJ

I was born in England with perfect hearing. In 1990, when I was five, my family moved to the United States. I started getting ear infections every three months or so. We didn't have health insurance at the time and when I got a third infection, my parents couldn't pay for the treatment. I went deaf in my right ear and was left with 50 percent hearing in my left. Over time, my remaining hearing dropped to 20 percent, where it is today. My doctors predicted that I would be completely deaf by now, so I think I'm doing pretty well.

There was always music on in my house when I was little. I loved listening to Metallica, Led Zeppelin, Bob Marley, Michael Jackson. My dad was a DJ, so he played disco, folk, dance, rock, and music from other countries. For my 18th birthday, my dad asked me to deejay at the restaurant he owned. After doing that for a few weeks, I was hooked. I wanted to learn more.

I e-mailed DJ Shiftee, a well-known New York City DJ, when I was 25: "I know you like a challenge. How about teaching a deaf person to deejay?" He wrote back the next day: "Challenge accepted." He tutored me twice a week for two years, helping me develop correct technique. I practiced four hours a day. Now when I'm performing, muscle memory takes over.

When I started deejaying at clubs, I wouldn't tell the managers I was deaf. I would just show up, introduce myself, and start playing music. At the end of the night, someone would say, "Oh, here's the check." And I'd say, "What? Oh, I can't hear." They were always so surprised. Sometimes I would bring doctor's notes because they wouldn't believe me. It was reassurance that they were giving me jobs because I was good, not out of sympathy. Eventually people started calling me "that Deaf DJ," and the name stuck.

For a show, I set up one speaker facing my left side, my good ear, and make it louder all the way up. The speakers that play the bass are on the floor behind me so I can hear some of the lower frequencies and feel the beat in my feet. And I can feel the energy of the song and the crowd goes crazy, you feel that. The song comes to life.

I use software that turns the music into lines of color on a computer screen. Red is the bass, blue is snare, green is the vocals or melody. I'm visually hearing the music. What I love about deejaying is the creativity, what you can do with a machine, two turntables, and a mixer.

The next time you go dancing cover your ears, and you'll feel a little bit of how I do it. You'll start using your other senses. You'll start seeing that you're able to hear the music in a different way. Music is not all about hearing.

I play all sorts of get – togethers now, from college parties to corporate events. I also go to elementary schools for the deaf and talk to the students about motivation and believing in themselves. I'm big on talking to the parents. I tell them, "My advice to you is to let [your kids] chase their dreams. I'm a deaf DJ, so why not?"

附录 7　阅读实验的学生访谈

该采访旨在了解基于图式理论的英语阅读教学模式，是否能够有利于学生激活和分享拥有的背景知识，全面培养语言能力，拓展文体的结构知识，培养学生有效的阅读策略和技巧，提升高职生的英语阅读自信心，养成良好的阅读习惯，从而在短期内提高他们的英语阅读的综合能力，为他们未来的职业发展打好基础。

1. 经过一个学期的学习，你觉得自己的英语有进步吗？在哪些方面取得了进步？

2. 你认为老师现在采取的图式指导英语教学的方法对你是否有效果？是否优于原有的教学方法？

3. 现在你是否对阅读的学习有豁然开朗的感觉，你对阅读材料的结构、阅读策略的运用是否具有了随时调遣和综合运用的能力，你的英语阅读自信心提高了吗？

4. 你是否已足够重视图式在阅读导入、阅读实施过程和阅读后的有效作用，对英语考试产生了前所未有的轻松感。

5. 简单评论一下你对近一学期老师所采用的阅读教学策略的看法，以及该教学方法的不足。

附录8　大学英语写作水平调查问卷

各位同学：

你们好！感谢配合此次调查问卷。此次问卷希望了解同学们英语写作学习的相关情况，以助于老师了解你们现在的学习状况和需求，从而调整教学方法，帮助同学们在英语写作水平上有更大的提高。为了保证此次调查的真实性，此次问卷不署名，希望同学们能根据自己的真实情况认真填写。注意：请仔细阅读，并从下面5个选项中选择一个适合你的选项，并在该句后面相应的空格处打钩。

仅第3题：A. 语法　B. 词汇　C. 内容　D. 结构　E. 技巧

除第3题：A. 完全同意　B. 基本同意　C. 不确定

D. 基本不同意　E. 完全不同意

序号选项：A B C D E

1. 我认为写作在英语学习中很重要。

2. 我认为英语写作很难。

3. 我认为英语写作最困难的是（　　）方面知识的学习。

A. 语法　　B. 词汇　　C. 内容　　D. 结构

E. 技巧

4. 写作中我感觉无话可说，无内容可写。

5. 我认为阅读对英语写作有帮助。

6. 我很愿意通过阅读来提高写作水平。

7. 在课外，我会阅读英文报纸杂志等辅助英语写作学习。

8. 我在英语阅读时会注意积累文章中的英语表达。

9. 我会利用课外阅读中看到的句子来进行课堂写作。

10. 我希望在写作前有教师的导入来帮助构思，如分析范文。

11. 在写作过程中，我经常与同伴交流。

12. 在写作过程中，我希望有老师介入，并给予启发和指导性反馈。

13. 交作文前，我会反复修改我的作文以达到更好的效果。

14. 我会仔细阅读、斟酌老师的评语和修改意见。

15. 平时，老师没有要求，我也会用英语写句子、写日记或者作文。

16. 我的英语老师会经常给我们布置阅读任务来辅助写作。

附录9　作文评分标准

1. 本题满分为15分。

2. 阅卷标准共分五等：2分、5分、8分、11分及14分。各有标准样卷1~2份。

3. 阅卷人员根据阅卷标准，对照样卷评分。若认为所阅文章与某一分数（如8分）相似，即定为该分数（即8分），若认为所阅文章稍优或稍劣于该分数，则可加一分（即9分）或减一分（即7分），但不得加或减半分。

4. 评分标准

2分——条理不清，思路紊乱，语言支离破碎或大部分句子均有错误，且多数为严重错误。

5分——基本切题。表达思想不清楚，连贯性差。有较多严重的语言错误。

8 分——基本切题。有些地方表达思想不够清楚，文字勉强连贯；语言错误相当多，其中有一些是严重错误。

11 分——切题。表达思想清楚，文字连贯，但有少量语言错误。

14 分——切题。表达思想清楚，文字通顺、连贯，基本上无语言错误，仅有个别小错误。

[注：白卷或作文与题目毫不相关，或只有几个孤立的词而无法表达思想，则给 0 分。]

5. 字数不足应酌情扣分。

附录 10　实验前测作文题目

Directions: For this part, you are allowed 30 minutes to write an essay on the topic: *My View on Studying Abroad.* You should write at least 120 words but no more than 150 words.

附录 11　实验后测作文题目

Directions: For this part, you are allowed 30 minutes to write an essay on the topic: *Job - Hopping*. You can cite examples to illustrate your views. You should write at least 120 words but no more than 150 words.

附录 12 “以读促写”实验读写课文

Unit One Text A Writing for Myself

The idea of becoming a writer had come to me off and on since my childhood in Belleville, but it wasn't until my third year in high school that the possibility took hold. Until then I'd been bored by everything associated with English courses. I found English grammar dull and difficult. I hated the assignments to turn out long, lifeless paragraphs that were agony for teachers to read and for me to write.

When our class was assigned to Mr. Fleagle for third – year English I anticipated another cheerless year in that most tedious of subjects. Mr. Fleagle had a reputation among students for dullness and inability to inspire. He was said to be very formal, rigid and hopelessly out of date. To me he looked to be sixty or seventy and excessively prim. He wore primly severe eyeglasses, his wavy hair was primly cut and primly combed. He wore prim suits with neckties set primly against the collar buttons of his white shirts. He had a primly pointed jaw, a primly straight nose, and a prim manner of speaking that was so correct, so gentlemanly, that he seemed a comic antique.

I prepared for an unfruitful year with Mr. Fleagle and for a long time was not disappointed. Late in the year we tackled the informal essay. Mr. Fleagle distributed a homework sheet offering us a choice of topics. None was quite so simple - minded as "What I Did on My Summer Vacation," but most seemed to be almost as dull. I took the list home and did nothing until the night before the essay was due. Lying on the sofa, I finally faced up to the unwelcome task, took the list out of my notebook, and scanned it. The topic on which my eye stopped was "The Art of Eating Spaghetti".

This title produced an extraordinary sequence of mental images. Vivid memories came flooding back of a night in Belleville when all of us were seated around the supper table—Uncle Allen, my mother, Uncle Charlie, Doris, Uncle Hal—and Aunt Pat served spaghetti for supper. Spaghetti was still a little - known foreign dish in those days. Neither Doris nor I had ever eaten spaghetti, and none of the adults had enough experience to be good at it. All the good humor of Uncle Allen's house reawoke in my mind as I recalled the laughing arguments we had that night about the socially respectable method for moving spaghetti from plate to mouth.

Suddenly I wanted to write about that, about the warmth and good feeling of it, but I wanted to put it down simply for my own joy, not for Mr. Fleagle. It was a moment I wanted to recapture and hold for myself. I wanted to relive the pleasure of that evening. To write it as I wanted, however, would violate all the rules of formal composition I'd learned in school, and Mr. Fleagle would surely give it a failing grade. Never mind. I would write something else for Mr. Fleagle after I had written this thing for myself.

When I finished it the night was half gone and there was no time left to compose a proper, respectable essay for Mr. Fleagle. There was no choice next morning but to turn in my tale of the Belleville supper. Two days passed before Mr. Fleagle returned the graded papers, and he returned everyone's but mine. I was preparing myself for a command to report to Mr. Fleagle immediately after school for discipline when I saw him lift my paper from his desk and knock for the class's attention.

"Now, boys," he said. "I want to read you an essay. This is titled, 'The Art of Eating Spaghetti.'"

And he started to read. My words! He was reading my words out loud to the entire class. What's more, the entire class was listening. Listening attentively. Then somebody laughed, then the entire class was laughing, and not in contempt and ridicule, but with open - hearted enjoyment. Even Mr. Fleagle stopped two or three times to hold back a small prim smile. I did my best to avoid showing pleasure, but what I was feeling was pure delight at this demonstration that my words had the power to make people laugh. In the eleventh grade, at the eleventh hour as it were, I had discovered a calling. It was the happiest moment of my entire school career. When Mr. Fleagle finished, he put the final seal on my happiness by saying, "Now that, boys, is an essay, don't you see. It's— don't you see—it's of the very essence of the essay, don't you see. Congratulations, Mr. Baker."

附录 13 “以读促写”教学学生访谈题目

图式理论指导下的“以读促写”实验班学生访谈题目：

1. 经过一个学期的英语课学习，你觉得你的英语写作能力提高了吗？如果有所提高，哪个方面提高得最明显？

2. 你觉得你对一些英语写作策略是否能够应用自如？

3. 你希望下个学期的英语课继续采取这样的模式进行吗？

4. 你觉得在写前阶段教师给予指导是否必要？

5. 你认为哪些教学方式有效地激活或建构了语言图式、内容图式或形式图式？

6. 你希望未来在英语写作方面教师给予哪方面的指导？

附录 14　实验班作文前测后测成绩对比表

序号	学号	作文（15 分）	作文（15 分）
1	16××××0227	10	11
2	16××××0210	10	11
3	16××××0232	8	9
4	16××××0217	10	10
5	16××××0130	8	9
6	16××××0215	7	8
7	16××××0229	6	7
8	16××××0108	8	8
9	16××××0127	7	8
10	16××××0223	8	7
11	16××××0113	6	6
12	16××××0212	7	8
13	16××××0112	11	11

续表

序号	学号	作文（15 分）	作文（15 分）
14	16 × × × ×0219	8	7
15	16 × × × ×0219	7	7
16	16 × × × ×0122	8	9
17	16 × × × ×0225	10	11
18	16 × × × ×0128	6	7
19	16 × × × ×0204	8	8
20	16 × × × ×0323	11	12
21	16 × × × ×0111	8	8
22	16 × × × ×0214	7	8
23	16 × × × ×0216	7	8
24	16 × × × ×0108	8	8
25	16 × × × ×0115	7	7
26	16 × × × ×0209	6	7
27	16 × × × ×0217	9	9
28	16 × × × ×0118	8	8
29	16 × × × ×0102	7	8
30	16 × × × ×0201	6	7
31	16 × × × ×0105	8	8
32	16 × × × ×0103	7	8
33	16 × × × ×0104	9	9
34	16 × × × ×0207	7	8
35	16 × × × ×0120	8	9
36	16 × × × ×0424	6	5
37	16 × × × ×0110	5	4
38	16 × × × ×0123	7	9
39	16 × × × ×0125	9	10
40	16 × × × ×0128	8	9
41	16 × × × ×0213	7	7
42	16 × × × ×0205	7	8

续表

序号	学号	作文（15 分）	作文（15 分）
43	16 × × × ×0113	7	7
44	16 × × × ×0126	5	4
45	16 × × × ×0119	6	5
46	16 × × × ×0117	7	8
47	16 × × × ×0612	5	5
48	16 × × × ×0433	8	8
49	16 × × × ×0225	7	8
50	16 × × × ×0123	4	4
	平均分	7.48	7.90

附录 15　对照班作文前测后测成绩对比表

序号	学号	作文（15 分）	作文（15 分）
1	16 × × × ×0224	9	10
2	16 × × × ×0122	12	11
3	16 × × × ×0226	8	9
4	16 × × × ×0323	9	9
5	16 × × × ×0305	9	9
6	15 × × × ×0114	8	8
7	16 × × × ×0122	6	7
8	16 × × × ×0328	7	8
9	16 × × × ×0231	8	8
10	16 × × × ×0223	10	10
11	16 × × × ×0115	5	5
12	16 × × × ×0123	6	6
13	16 × × × ×0121	10	10
14	16 × × × ×0130	7	7

续表

序号	学号	作文（15 分）	作文（15 分）
15	16 × × × ×0123	7	6
16	16 × × × ×0234	8	8
17	16 × × × ×0104	9	10
18	16 × × × ×0320	5	6
19	16 × × × ×0312	9	8
20	16 × × × ×0105	11	10
21	16 × × × ×0124	7	8
22	16 × × × ×0214	6	8
23	16 × × × ×0313	7	8
24	16 × × × ×0116	7	8
25	16 × × × ×0101	7	7
26	16 × × × ×0102	6	7
27	16 × × × ×0221	8	9
28	16 × × × ×0209	9	8
29	16 × × × ×0216	6	6
30	16 × × × ×0211	7	6
31	16 × × × ×0116	7	7
32	16 × × × ×0121	8	7
33	16 × × × ×0124	8	9
34	16 × × × ×0213	7	7
35	16 × × × ×0222	5	4
36	16 × × × ×0129	6	5
37	16 × × × ×0117	4	3
38	16 × × × ×0121	5	3
39	16 × × × ×0211	9	8
40	16 × × × ×0211	8	8
41	16 × × × ×0211	7	6
42	16 × × × ×0128	8	7
43	16 × × × ×0111	9	10

续表

序号	学号	作文（15 分）	作文（15 分）
44	16××××0231	7	6
45	16××××0233	9	8
46	16××××0123	5	3
47	16××××0214	7	7
48	16××××0311	6	6
	平均分	7.46	7.38

附录 16　大学生英语听说学习现状调查问卷

亲爱的同学：

您好！非常感谢您在紧张的学习之余参与此次问卷调查。为了了解目前大学生在英语听力与口语学习的情况，我们进行了此次问卷调查。该调查采取匿名形式，答案无对错之分，仅用于科学研究，不涉及个人隐私。您的真实回答对我们的研究非常有价值，请放心认真作答。比较自己的符合程度，请在合适的选项上面打“√”。

谢谢您的宝贵参与!

第一部分：基本信息情况

性别：①男②女

所学专业：①理科②文科③工科④艺术类

所在年级：①大一 ②大三

生源地：①一线城市②二、三线城市③小城镇④村县

第二部分：问卷测试部分

1. 我希望提高英语听力及口语能力。

A. 完全不符合　　B. 基本不符合

C. 基本符合　　D. 非常符合

E. 完全符合

2. 我练习英语听力完全是为了应对英语期末考试或英语四、六级考试。

A. 完全不符合　　B. 基本不符合

C. 基本符合　　D. 非常符合

E. 完全符合

3. 我的英语听力水平特别差。

A. 完全不符合　　B. 基本不符合

C. 基本符合　　D. 非常符合

E. 完全符合

4. 我常在课后自己找听力资料以习题形式进行练习。

A. 完全不符合　　B. 基本不符合

C. 基本符合　　D. 非常符合

E. 完全符合

5. 我常在课后自己看英文电影，听英文歌曲。

A. 完全不符合　　B. 基本不符合

C. 基本符合　　D. 非常符合

E. 完全符合

6. 上大学之前，我没有专门上过英语听说课。

A. 完全不符合　　B. 基本不符合

C. 基本符合　　D. 非常符合

E. 完全符合

7. 在听说过程中，会混淆不同介词搭配的短语意思。

A. 完全不符合　　B. 基本不符合

C. 基本符合　　D. 非常符合

E. 完全符合

8. 听力中会觉得有些单词、词组或句型熟悉，却辨听不出句意。

A. 完全不符合　　B. 基本不符合

C. 基本符合　　D. 非常符合

E. 完全符合

9. 做听力时，听不出或混淆连读音，或摩擦音，或弱读音，或爆破音等。

A. 完全不符合　　B. 基本不符合

C. 基本符合　　D. 非常符合

E. 完全符合

10. 对我来说，听力很难的原因是单词量不够。

A. 完全不符合　　B. 基本不符合

C. 基本符合　　D. 非常符合

E. 完全符合

11. 在听力开始前，我会根据选项提前猜测可能出现的听力内容。

A. 完全不符合　　B. 基本不符合

C. 基本符合　　D. 非常符合

E. 完全符合

12. 在听力前，我会把阅读材料所涉及的话题内容和自己的背景知识联系起来。

A. 完全不符合　　B. 基本不符合

C. 基本符合　　D. 非常符合

E. 完全符合

13. 对我来说，听力语速太快。

A. 完全不符合　　B. 基本不符合

C. 基本符合　　D. 非常符合

E. 完全符合

14. 听力内容太多，不知道重点应该听什么，容易慌乱、跑神儿。

A. 完全不符合　　B. 基本不符合

C. 基本符合　　D. 非常符合

E. 完全符合

15. 听的时候还记得，听过去就忘了。

A. 完全不符合　　B. 基本不符合

C. 基本符合　　D. 非常符合

E. 完全符合

16. 听力结束后，我会去重点分析典型听力句型结构，区分中、英句型结构与意义的差异。

A. 完全不符合　　B. 基本不符合

C. 基本符合　　D. 非常符合

E. 完全符合

17. 在听力结束后，我会思考错误发生的原因。

A. 完全不符合　　B. 基本不符合

C. 基本符合　　D. 非常符合

E. 完全符合

18. 对英语听说学习会自卑、没信心。

A. 完全不符合　　B. 基本不符合

C. 基本符合　　D. 非常符合

E. 完全符合

19. 我经常在课后大声朗读英语文章。

A. 完全不符合　　B. 基本不符合

C. 基本符合　　D. 非常符合

E. 完全符合

20. 我不敢在课堂上用英语表达观点。

A. 完全不符合　　B. 基本不符合

C. 基本符合　　D. 非常符合

E. 完全符合

21. 我有自己的观点和看法，但是不知道如何用英语说出来。

A. 完全不符合　　B. 基本不符合

C. 基本符合　　D. 非常符合

E. 完全符合

22. 我担心我的语音、语调不标准。

A. 完全不符合　　B. 基本不符合

C. 基本符合　　D. 非常符合

E. 完全符合

23. 我担心说英语时会犯语法错误。

A. 完全不符合　B. 基本不符合

C. 基本符合　D. 非常符合

E. 完全符合

24. 我担心课上发言时英语说得不好会被别人笑话。

A. 完全不符合　B. 基本不符合

C. 基本符合　D. 非常符合

E. 完全符合

25. 上大学前，我没有用英语与人交流的机会。

A. 完全不符合　B. 基本不符合

C. 基本符合　D. 非常符合

E. 完全符合

26. 上大学前，英语课不说英语。

A. 完全不符合　B. 基本不符合

C. 基本符合　D. 非常符合

E. 完全符合

27. 我希望有锻炼英语口语的机会。

A. 完全不符合　B. 基本不符合

C. 基本符合　D. 非常符合

E. 完全符合

28. 对现在的英语听说课我很满意。

A. 完全不符合　B. 基本不符合

C. 基本符合　D. 非常符合

E. 完全符合

29. 听说课的内容我完全可以自己课后完成。

A. 完全不符合　　B. 基本不符合

C. 基本符合　　D. 非常符合

E. 完全符合

30. 你觉得下列哪些方面符合你目前的听力现状（可多选）。

A. 看到单词会知道，但听时却一下子反应不过来，对单词的反应速度较慢。

B. 我想听懂所有的单词和句子，一旦有听不懂的就会紧张。

C. 总感觉自己词汇量不够。

D. 缺乏必要的文化背景知识。

E. 听稍微长一点的文章，我就无法集中注意力。

F. 我发觉自己记忆力太差，前边听，后边忘记。

G. 我无法抓住重点，不知道自己应该重点听什么。

H. 听力对我来说不是很难。

I. 缺乏听力知识、技巧的总结，没有形成一个清晰的知识结构。

J. 我不了解英语听力学习的策略。

再次感谢您的合作！祝您学习进步，一切顺利！

附录 17　听力前测试题

Section A

Directions: In this section, you will hear two news reports. At the end of each news report, you will hear two questions. Both the news report and the questions will be spoken only once. After you hear a question, you must choose the best answer from the four choices marked A, B, C and D.

Questions 1 and 2 will be based on the following news item.

1.

A. Two

B. Three

C. Four

D. One

2.

A. Close all the tourist attractions

B. Forbid using animals as a vehicle

C. Increase the trains and flights

D. Restore the May Day holiday

Questions 3 and 4 will be based on the following news item.

3.

A. It didn't do enough to celebrate the 100th anniversary of WWI.

B. It showed little respect to other European countries.

C. It tended to focus on the crimes of WWI.

D. It tried to deny the crimes committed by the Nazis.

4.

A. Indifferent

B. Opposed

C. Neutral

D. Numb

Section B

Directions: In this section, you will hear seven short conversations. At the end of each conversation, you will hear four questions. Both the conversation and the questions will be spoken only once. After you hear a question, you must choose the best answer from the four choices marked A, B, C and D.

5.

A. He has learned to make sounds like a cat.

B. He found food for the woman's cat.

C. He has become team captain.

D. He has attracted the woman's attention.

6.

A. One

B. Two

C. Three

D. Four

7.

A. The woman wants to play golf while the man wants to play tennis.

B. The man wants to play golf while the woman wants to play tennis.

C. Both the man and woman suggest playing golf.

D. Both the man and woman suggest playing tennis.

8.

A. An exciting football match

B. A beautiful scene

C. The man's interest in her

D. The man's inviting her to a football match

9.

A. He must go and buy gifts.

B. He does not like the woman.

C. He must prepare for a new lesson tomorrow.

D. He must prepare for a makeup exam.

10.

A. The woman thinks university education is important while the man does not.

B. The man thinks university education is important while the woman does not.

C. Both the man and woman attach importance to university education.

D. Both the man and woman attach importance to business experience.

11.

A. The crises after job loss are as bad as the loss itself.

B. The crises after job loss are worse than the loss itself.

C. Job loss is worse than the subsequent crises.

D. Only after finding another job can one overcome the depression.

Section C

Directions: In this section, you will hear two long conversations. At the end of each conversation, you will hear four questions. Both the conversation and the questions will be spoken only once. After you hear a question, you must choose the best answer from the four choices marked A, B, C and D.

Conversation One Questions 12 to 15 are based on the conversation you have just heard.

12.

A. Sisters

B. Old friends

C. Coworkers

D. Mother/daughter

13.

A. Writer for a fashion magazine

B. Photographer for a magazine

C. Teacher at a high school

D. Fashion designer

14.

A. To have early memories of her high school and old friends.

B. To tell Angie about life in Chicago and her job.

C. To ask Angie to be the maid of honor for her marriage.

D. To call on Angie during her business stay in her city.

15.

A. Puzzled

B. Excited

C. Expected

D. Calm

Questions 16 to 19 are based on the conversation you have just heard.

16.

A. Three

B. Four

C. Five

D. Six

17.

A. Gardening in her front yard

B. Walking on the street

C. Standing on the street corner

D. Selling newspapers at her stand

18.

A. A red car

B. A blue car

C. A stranger

D. A dog

19.

A. The witnesses told the police about different accidents.

B. The witnesses told different stories from varied perspectives.

C. The police found the witnesses' words very helpful.

D. The police dismissed the witnesses' words.

Section D

Directions: In this section, you will hear two passages. At the end of each passage, you will hear some questions. Both the passage and the questions will be spoken only once. After you hear a question, you must choose the best answer from the four choices marked A, B, C and D.

Passage One

Questions 20 to 22 are based on the passage you have just heard.

20.

A. Living in trees

B. Protecting the forests

C. An environmental scientist

D. Tasmania's policies

21.

A. She hates to live with people.

B. She likes living in a tree.

C. She wants to live high.

D. She wants to protect the trees.

22.

A. It can change the surroundings.

B. It can reduce costs.

C. It can offer jobs.

D. It can bring profits.

Questions 23 to 25 are based on the passage you have just heard.

23.

A. The anniversary of the setting up of New York City.

B. Grand Central Station's turning 101 years old.

C. A building being named as Grand Central Station.

D. The opening of the largest train station in the world.

24.

A. It has a large, arched gate.

B. The clocks are on four sides.

C. The ticket windows are jeweled.

D. The ceiling is a mirror image.

25.

A. The design of the building is for large numbers of people.

B. The plan of building a huge office over it failed.

C. The modern preservation movement gets more attention.

D. The beauty of the building has been known worldwide.

附录 18　听力后测试题

Section A

Directions: In this section, you will hear two news reports. At the end of each news report, you will hear two questions. Both the news report and the questions will be spoken only once. After you hear a question, you must choose the best answer from the four choices marked A, B, C and D.

Questions 1 and 2 will be based on the following news item.

1.

A. The reason behind the low high school graduation rate.

B. The best time to help students graduate from high school.

C. An organization which helps students graduate from high school.

D. The number of students who graduate from high school.

2.

A. A welcoming space

B. Help with classwork

C. Caring teachers

D. Financial support

Questions 3 and 4 will be based on the following news item.

3.

A. Machine translators

B. Modeling sentence outputs

C. Translation software

D. Translation languages

4.

A. Phrase – by – phrase system

B. Neural（神经的） machine translation

C. Multilingual（多语言的） system

D. Translation requests.

Section B

Directions: In this section, you will hear seven short conversations. At the end of each conversation, you will hear four questions. Both the conversation and the questions will be spoken only once. After you hear a question, you must choose the best answer from the four choices marked A, B, C and D.

5.

A. After a warning from the company

B. Before a warning from the company

C. Both before and after a warning from the company.

D. Neither before nor after a warning from the company.

6.

A. At the bus stop

B. At the airport

C. In the hotel

D. In the restaurant

7.

A. They will be fined.

B. They will be closed.

C. They will get a warning.

D. They will lose customers.

8.

A. Visit Japan

B. Cook some food

C. Go to cinema

D. Travel abroad

9.

A. One of a different color

B. One of a cheaper price

C. One of a fashionable style

D. One of a smaller size

10.

A. He has changed his plan.

B. He has canceled his trip.

C. He is arriving this afternoon.

D. He forgot to arrange his trip.

11.

A. They had lost their way.

B. They were told it would rain.

C. They were caught in the rain.

D. They had taken an umbrella.

Section C

Directions: In this section, you will hear two long conversations. At the end of each conversation, you will hear four questions. Both the conversation and the questions will be spoken only once. After you hear a question, you must choose the best answer from the four choices marked A, B, C and D.

Conversation One

Questions 12 to 15 are based on the conversation you have just heard.

12.

A. The ways to become good students.

B. The characteristic behaviors of bad students.

C. The way good students behave themselves.

D. The differences between good and bad students.

13.

A. They are not afraid to make mistakes.

B. They like to experiment on bad students.

C. They like to play games with language.

D. They do not cooperate with their teacher.

14.

A. They rarely admit their mistakes.

B. They have no confidence in themselves.

C. They usually ask many a question.

D. They seldom accept what is being taught.

15.

A. A teacher and a student

B. A teacher and a reporter

C. A teacher and a parent

D. A teacher and an officer

Conversation Two

Questions 16 to 19 are based on the conversation you have just heard.

16.

A. The man's grades in high school.

B. The man's application for college.

C. The man's two sisters at college.

D. The man's growing hobbies.

17.

A. He went to a military school in his hometown.

B. He spent eight years in a public school.

C. He spent his high school life in his hometown.

D. He was a soldier before he went to high school.

18.

A. He got very interested in sports.

B. He worked very hard in studies.

C. He chose to major in biology.

D. He did well in both sports and studies.

19.

A. At school

B. At home

C. At a studio

D. At a meeting

Section D

Directions: In this section, you will hear two passages. At the end of each passage, you will hear some questions. Both the passage and the questions will be spoken only once. After you hear a question, you must choose the best answer from the four choices marked A, B, C and D.

Passage One

Questions 20 to 22 are based on the passage you have just heard.

20.

A. It contains one paragraph of introduction.

B. It contains four paragraphs of evidence.

C. It consists of two sides of the argument.

D. It contains two paragraphs of the conclusion.

21.

A. Teaching English in India

B. Recruiting international students

C. Helping students improve their writing

D. Creating a good writing structure

22.

A. Its subjects are too simple to use the formula.

B. The formula is good for this kind of writing.

C. Its subjects require deep thoughts and investigation.

D. Careful thinking should be throughout the process of writing.

Questions 23 to 25 are based on the passage you have just heard.

23.

A. Busy people

B. Knowledgeable people

C. Young people

D. Rich people

24.

A. Touching and frequent ads

B. Friendly online conversation

C. Good reputation of the seller

D. Discounts and small gifts

25.

A. By adding various products

B. By lowering the prices

C. By having good post - sale service

D. By making quick deliveries

附录19 口语评分标准

口语成绩总分15分，基于语音语调、准确性、连贯性三项标准制定，每个单项满分为5分，根据考生的整体情况给每个考生一个整体分数，该分数不是分项分数的平均分，而是从不同角度给出的总体印象分。具体分值如下。

分数	语音语调	准确性	连贯性
5分	发音标准、清晰；语调正确、自然	语法和词汇基本正确；表达过程中词汇丰富、语法结构较为复杂	表达流利，语句连贯，无语流中断现象
4分	发音比较标准，语调比较正确	语法和词汇有一些错误，但不影响交流；表达过程中词汇较丰富	表达比较顺利，语句较连贯，语流中断现象较少
3分	发音比较标准，语调比较正确	语法和词汇有错误，有些时候影响交流；表达过程中词汇单一，句式简单	表达基本流利，语句基本连贯，无频繁的语流中断现象

续表

分数	语音语调	准确性	连贯性
2分	发音个别标准；语调个别正确	语法和词汇有较多错误，影响理解和交流；表达过程中因缺乏词汇和语法结构而影响交际	表达一般，语句个别连贯，语流中断现象一般
1分	发音不标准；语调不正确	只能说单个词汇，没有完整句子；表意不清，无法进行交际	表达不流利，语句不连贯，语流中断现象频繁

附录 20　实验班听说成绩前测后测对比

序号	学号	听力前测（25 分）	听力后测（25 分）	口语前测（15 分）	口语后测（15 分）
1	18××××1022	21	22	10	11
2	18××××0533	18	20	8	9
3	18××××0324	18	20	9	10
4	18××××0710	17	18	8	9
5	18××××0229	19	20	9	10
6	18××××0622	18	18	9	10
7	18××××0630	19	21	9	10
8	18××××0806	16	17	10	9
9	18××××0405	14	12	9	11
10	18××××0102	17	19	9	10
11	18××××0202	17	19	9	10
12	18××××0205	14	11	8	8
13	18××××0303	18	20	11	11

续表

序号	学号	听力前测（25 分）	听力后测（25 分）	口语前测（15 分）	口语后测（15 分）
14	18×××0903	18	17	9	9
15	18×××0913	19	18	10	9
16	18×××0126	18	19	10	11
17	18×××0408	17	18	10	10
18	18×××0613	13	20	10	11
19	18×××0633	17	18	8	9
20	18×××0722	17	19	8	8
21	18×××0915	19	20	8	8
22	18×××0201	15	16	6	6
23	18×××0309	11	10	6	5
24	18×××0929	13	14	5	5
25	18×××0223	10	11	5	5
26	18×××0313	12	14	5	5
27	18×××0429	17	19	6	5
28	18×××1014	14	13	4	5
29	18×××0327	18	19	9	10
30	18×××0221	15	17	6	6
31	18×××0618	13	15	6	6
32	18×××0729	12	11	6	6
33	18×××0811	12	13	6	7
34	18×××0617	14	11	7	8
35	18×××0632	11	8	6	6
36	18×××0204	10	8	5	5
37	18×××0109	8	11	6	6
38	18×××0401	8	7	5	5
39	18×××0819	11	10	5	6
40	18×××0212	15	19	6	6
41	18×××0308	10	10	8	9

续表

序号	学号	听力前测（25分）	听力后测（25分）	口语前测（15分）	口语后测（15分）
42	18×××0214	7	7	5	5
43	18×××0523	6	6	5	5
44	18×××0229	8	9	5	4
45	18×××0607	10	8	6	4
46	18×××0901	7	6	5	5
47	18×××0931	10	11	5	5
48	18×××0521	10	10	5	5
49	18×××0227	9	9	5	5
50	18×××0111	8	8	4	4
51	18×××0112	9	8	4	4
52	18×××0614	9	9	5	4
	平均分	13.58	14.10	6.98	7.21

附录 21　对照班听说成绩前测后测对比

序号	学号	听力前测（25 分）	听力后测（25 分）	口语前测（15 分）	口语后测（15 分）
1	18××××0114	20	21	11	12
2	18××××0112	18	18	9	10
3	18××××0221	19	20	10	11
4	18××××0420	16	18	8	9
5	18××××0402	20	21	10	10
6	18××××0501	19	20	10	11
7	18××××0131	21	22	11	12
8	18××××0205	15	16	7	8
9	18××××0518	13	12	7	7
10	18××××0113	18	19	8	8
11	18××××0102	18	19	10	9
12	18××××0133	12	11	7	7
13	18××××0521	21	20	12	12

续表

序号	学号	听力前测（25 分）	听力后测（25 分）	口语前测（15 分）	口语后测（15 分）
14	18 × × × ×0409	16	17	9	9
15	18 × × × ×0118	17	18	9	8
16	18 × × × ×0102	20	19	11	11
17	18 × × × ×0506	19	18	10	11
18	18 × × × ×0122	21	20	11	11
19	18 × × × ×0104	17	18	7	6
20	18 × × × ×0107	15	13	8	8
21	18 × × × ×0212	16	18	7	6
22	18 × × × ×0407	13	11	7	6
23	18 × × × ×0103	12	10	5	5
24	18 × × × ×0508	10	9	5	5
25	18 × × × ×0119	11	10	6	5
26	18 × × × ×0124	13	14	6	5
27	18 × × × ×0130	16	缺考	5	缺考
28	18 × × × ×0201	15	13	5	5
29	18 × × × ×0517	20	19	11	11
30	18 × × × ×0123	13	11	7	6
31	18 × × × ×0510	17	15	9	10
32	18 × × × ×0125	11	11	7	7
33	18 × × × ×0101	12	13	7	7
34	18 × × × ×0512	13	11	6	5
35	18 × × × ×0503	10	7	5	5
36	18 × × × ×0101	8	5	5	5
37	18 × × × ×0122	12	11	7	7
38	18 × × × ×0222	11	9	5	5
39	18 × × × ×0127	10	8	6	6
40	18 × × × ×0401	17	19	6	6
41	18 × × × ×0204	9	10	5	5

续表

序号	学号	听力前测（25 分）	听力后测（25 分）	口语前测（15 分）	口语后测（15 分）
42	18××××0412	6	6	4	5
43	18××××0531	10	9	5	5
44	18××××0108	11	11	5	4
45	18××××0118	7	5	4	4
46	18××××0505	5	6	5	4
47	18××××0207	10	8	4	5
48	18××××0504	10	9	5	4
49	18××××0513	9	10	5	4
50	18××××0127	9	9	5	5
51	18××××0106	10	8	5	4
52	18××××0120	9	8	4	5
53	18××××0216	8	9	5	4
54	18××××0111	5	6	4	4
	平均分	13.57	13.17	6.98	6.96

附录 22　英语听说访谈题目

1. 你觉得自己英语听说能力如何?

2. 通过一学期的学习，你觉得自己的听说能力提高了吗? 哪些方面提高得明显?

3. 你了解自己英语听说的不足主要在哪个方面吗? 是语言图式、内容图式造成的，还是形式图式的不足造成的?

4. 你觉得教师的讲解及听说课对于提高自己的听说能力有帮助吗?

5. 听说课你喜欢积极举手说英语吗? 为什么?

6. 你希望教师在听说课上讲授什么内容? 你最想学到的是什么?

7. 你喜欢教师现在这种授课方式吗?

参考文献

[1] Bartlett, F. Remembering: A Study in Experimental and Social Psychology [M]. London: Cambridge University Press, 1932.

[2] Bower, G. H. and Cirilo, R. K. Cognitive Psychology and Text Processing [A]. in Van. Dijk, T. A. (ed.) Handbook of Discourse Analysis Volume I Disciplines of Discourse [C]. London: Academic Press, 1985.

[3] Brown, G. & G. Yule. Discourse Analysis [M]. Cambridge: Cambridge University Press, 1987: 248.

[4] Brown, H. D. Principles of Language Learning and Teaching [M]. Beijing: Foreign Language Teaching and Research Press. 2001.

[5] Byram, M. Cultural Studies in Foreign Language Education [M]. Clevedon, UK: Multilingual Matters, 1989.

[6] Carrell, Eisterhold. Schema Theory and ESL Reading Pedagogy [J]. TESOL Quarterly, 1983 (4) 17: 12.

[7] Cook, Guy. Discourse [M]. Oxford: Oxford University Press, 1992.

[8] Cooper, M. Linguistic Competence of Practised and Unpractised Non - native Readers of English [A]. in Alderson, J. C. and Urquhart, A. H. (eds.) Reading in a Foreign Language [C]. London: Longman, 1984.

[9] Davis, J. N. & Bistodeau, L. How Do L1 and L2 Reading Differ? Evidence from Think Aloud Protocols [J]. The Modern Language Journal, 1993, Ⅳ: 77.

[10] Gardner, R. C., Lambert, W. E. Attitudes and Motivation in Second Language Learning [M]. Rowley, Mass: New bury House, 1972.

[11] Gilakjani A. P. A Study of Factors Affecting EFL Learners' English Listening Comprehension and the Strategies for Improvement [J]. Journal of Language Teaching and Research, 2011 (5): 977 - 988.

[12] Graves, D. H. Balance the Basics: Let Them Write [M]. New York: Ford Foundation. 1978.

[13] Gudykunst, W. B. (ed.) Intercultural Communication Theory - Current Perspectives [C]. Newbury Park, CA: Sage, 1983.

[14] Hinkle, E. Current Perspective on Teaching the Four Skills [J]. TESOL Quarterly, 2006 (1): 109 - 131.

[15] Inglis, F. Cultural Studies [M]. Oxford: Basil Blackwell, 1993.

[16] Johnson, P. H. Effects on reading comprehension of language complexity and cultural background of a text [J]. TESOL Quarterly, 1981: 78 - 80.

[17] Kern, R. Literacy and Language Teaching [M]. Oxford: Oxford University, 2000.

[18] Kramsch, C. Context and Culture in Language Teaching [M]. Oxford: Oxford University Press, 1993.

[19] Long, D. R. An exploratory study of background knowledge and second lan-

guage listening comprehension [J]. Studies in Second Language Acquisition, 1990 (12): 65 - 80.

[20] Neil J. Anderson. Methodology in TESOL: A Book of Readings [M]. Beijing: Foreign Language Teaching and Research Press, 2004.

[21] Nigel Stott. Helping ESL Students Become Better Readers: Schema Theory Application and Limitation. The Internet Journal, V01. VII, No. 1, from http: //iteslj. org/Articles/Stott - Schema. com, 2001.

[22] Norman, D. A., Rumelhart, D. E. & the LNR Research Group. Explorations in Cognition [M]. San Francisco: W. H. Freeman and Company, 1975.

[23] Raimes, A. Why write? From purpose to pedagogy [J]. English Teaching Forum, 1987 (4): 36 - 41.

[24] Rayner, K., Pollatsek, A. The Psychology of Reading [M]. Hillsdale, New Jersey: Lawrence Erlbaum Associates, Inc. Publishers, 1989.

[25] Rubin, D. C. Memory in Oral Traditions: the Cognitive Psychology of Epic, Ballads, and Counting - out Rhymes [M]. New York, Oxford: Oxford University Press, 1995.

[26] Rubin. J. A Review of Second Language Listening Comprehension Research [J]. The Modern Language Journal. 1994 (2): 199 - 221.

[27] Rumelhart, D. E. Schemata: The building blocks of cognition [A]. In Spiro, R. J. et al. (eds.). Theoretical Issues in Reading Comprehension: Perspectives from Cognitive Psychology, Linguistics, Artificial Intelligence and Education [C]. Hillsdale, NJ: Lawrence Erlbaum Associates, 1980: 33 - 58.

[28] Rumelhart, D. E. & A. Ortony. The representation of knowledge in memory [A]. In R. C. Anderson (eds.). Schooling and the Acquisition of Knowledge [C]. Hillsdale, NJ: Lawrence Erlbaum Associates, 1977: 99 - 135.

[29] Samian, Samira. The Relationship Between Prior Knowledge and EFL Learners' Listening Comprehension: Cultural Knowledge in Focus [J]. Mediterranean Journal of Social Sciences, 2012 (1): 361 - 369.

[30] Schmidt - Rinehart, B. The Effects of Topic Familiarity on Comprehension [J]. The Modern Language Journal. 1994 (2): 179 - 189.

[31] Steffensen, M. S. , Joag - Dev, C. Cultural Knowledge and Reading [M]. Longman: 1984.

[32] Stein fatt, T. M. Linguistic Relativity [A]. in Ting - Toomey, S. and Korzanny, F. (eds.) Language Communication and Culture [C]. Newbury Park, London, New Delhi: SAGE Publications Inc. , 1989.

[33] Swain M. Three Functions of Output in Second Language Learning [M]. Oxford: Oxford University Press, 1995.

[34] Tsui, A. B. M. & Fullilove, J. Bottom - up or top - down processing as a discriminator of L2 listening performance [J]. Applied Linguistics, 1998 (9): 432 - 451.

[35] Underwood, M. Teaching Listening [M]. London: Longman, 1990.

[36] Vandergrift. Facilitating Second Language Listening Comprehension: Acquiring Successful Strategies [J]. ELT Journal. 1999 (53): 168 - 176.

[37] Van Pattern, B. Can Learners Attend to Form and Content While Processing Input [J]. Hispanic, 1989 (72): 409 - 417.

[38] Widdowson, H. G. Learning Purpose and Language Use [M]. Oxford: Oxford University Press, 1983.

[39] 常宗林. 图式及其功能 [J]. 山东外语教学, 2002 (5): 29 - 34.

[40] 陈婧等. 大学生英语写作现状调查与分析 [J]. 西南石油大学学报（社会科学版）, 2011 (6): 105 - 110.

[41] 陈开顺. 听话过程中的心理活动方式与听力的构成 [J]. 外语教学与研究，1988 (2): 31 -35.

[42] 陈立平. 从阅读与写作的关系看写作教学中的范文教学 [J]. 外语与外语教学，2001 (4): 34 -37.

[43] 陈贤纯. 外语阅读教学与心理学 [M]. 北京：北京语言大学出版社，1998.

[44] 陈贻新. 皮亚杰发生认识论述论 [J]. 广东工业大学学报，1998 (3): 45 -48.

[45] 董广智. 图式理论与英语听力教学 [J]. 东北大学学报（社会科学版），2003 (2): 139 -141.

[46] 杜雄柏. "图式" 学说：康德与皮亚杰之比较研究 [J]. 湘潭师范学院学报，1995 (1): 27 -30.

[47] 高觉敷. 西方心理学的新发展 [M]. 北京：人民教育出版社，1987.

[48] 高稳. 图式理论与英语听力教学策略研究 [J]. 黑龙江高教研究，2005 (7): 21 -23.

[49] 顾雅楠. 大学英语四六级考试中英语写作的现状思考与技能提高 [J]. 兰州教育学院学报，2010 (6): 115 -116.

[50] 官鸣. 论康德 "图式说" [J]. 厦门大学学报（哲学社会科学版），1984 (8): 43 -50.

[51] 何泓. 利用图式理论指导高中英语阅读教学 [D]. 呼和浩特：内蒙古师范大学，2005.

[52] 胡宝莲. 论高校英语专业精读范文教学与写作训练 [J]. 南昌高专学报，2007 (6): 22 -24.

[53] 胡美华. 大学英语写作教学之不足与可行对策 [J]. 外语界，1994 (1): 24 -28.

[54] 胡淑娟. 图式理论对大学英语阅读教学的指导作用 [D]. 武汉：华中师范大学，2003.

[55] 胡铁. 过程写作法在高中英语写作课堂上的应用 [D]. 上海：华东师范大学，2006.

[56] 康立新. 国内图式理论研究综述 [J]. 河南社会科学，2011 (4)：180 - 182.

[57] 李力. 图式的分类及其在机助外语教学中的应用 [J]. 西南师范大学学报 (哲学社会科学版)，1997 (2)：114 - 117.

[58] 李平. 浅析认知图式在阅读理解中的应用 [J]. 解放军外国语学院学报，1997 (5)：46 - 51.

[59] 李文英. 试论图式理论对大学英语听力教学的启示——一项基于图式理论的实证研究 [J]. 外国语言文学，2005 (3)：178 - 181.

[60] 林英群. 图式理论在高中英语阅读教学中的应用 [D]. 福州：福州师范大学，2007.

[61] 刘丰香. 项目教学法在高职英语口语实训中的应用研究 [J]. 中国成人俄罗斯转盘，2013 (7)：120 - 122.

[62] 刘世文. 图式理论与英语听力教学 [J]. 龙岩师专学报，1998 (2)：77 - 79.

[63] 刘晓平. 图式理论在初中英语听力教学中的应用研究 [D]. 长春：东北师范大学，2007.

[64] 陆国君等. 语篇结构图式与语调范式对英语听力理解的影响 [J]. 外语教学与研究，2007 (2)：117 - 122.

[65] 吕艳萍，史旭升. 理查兹论英语听力教学材料的设计 [J]. 外语电化教学，2004 (1)：11 - 15.

[66] 马新志. 写前准备——英语写作过程中不容忽视的环节 [J]. 首都师范

大学学报（社会科学版），2010（10）：50 – 54.
[67] 潘虹. 鲁梅尔哈特学习模式对课堂教学的启示［J］. 山东外语教学，2008（5）：74 – 77.
[68] 皮亚杰. 儿童心理学［M］. 北京：商务印书馆，1980.
[69] 秦建栋. 图式—迁移理论与外语教学［J］. 疯狂英语教师版，2011（12）：15 – 18.
[70] 石向实. 论皮亚杰的图式理论［J］. 内蒙古社会科学，1994（3）：11 – 16.
[71] 孙晓云. 图式理论与英语口语教学中的看图说话［J］. 教学与管理，2008（1）：106 – 107.
[72] 唐雪峰，莫雷. 代数图式相似性对样例迁移中原理通达的影响［J］. 心理科学，2004（5）：1052 – 1055.
[73] 王初明. 外语“写长法”的教学理念［J］. 外国语言学及应用语言学研究，2002（1）：99 – 105.
[74] 王芳幼. 图式理论在中职英语阅读教学中的应用［D］. 长沙：湖南师范大学，2008.
[75] 王娜. 图式理论在非英语专业大学生阅读中的应用［D］. 长春：吉林大学，2011.
[76] 温纯如. 康德图式说［J］. 哲学研究，1997（7）：27 – 34.
[77] 吴念阳，徐凝婷，张琰. 空间图式加工促进方向性时间表述的理解［J］. 心理科学，2007（4）：853 – 856.
[78] 谢军. 图式理论在高中英语听力教学中的应用［D］. 上海：华东师范大学，2008.
[79] 徐浩，高彩凤. 英语专业低年级读写结合教学模式的实验研究［J］. 现代外语，2007（5）：31 – 33.

[80] 徐曼菲，何安平. 图式理论、语料库语言与外语教学 [J]. 解放军外国语学院学报，2004 (6)：45-59.

[81] 徐子亮. 对外汉语心理学 [M]. 上海：华东师范大学出版社，2008.

[82] 杨培根. 从认知图式看科技翻译的忠实与变通 [J]. 四川外语学院学报，2005 (3)：178-181.

[83] 杨永林，刘进. “技术精巧”与“人文关怀”视角下的大学英语教学 [J]. 现代教育技术，2012 (7)：56-59.

[84] 袁晖. 试论皮亚杰与康德的图式观念 [J]. 山东大学学报（哲学社会科学版），1987 (2)：81-88.

[85] 查静. 基于图式理论的提高高职学生英语口语表达能力的研究 [J]. 武汉职业技术学院学报，2008 (6)：83.

[86] 张本楠. 中文听力教学导论 [M]. 北京：北京语言大学出版社，2007.

[87] 张法科，王顺玲. 图式理论在 EFL 阅读教学中的应用研究——以《综合教程》教学为例 [J]. 外语界，2010 (2)：87-94.

[88] 张国福. 皮亚杰的“图式”学说浅探 [J]. 北京师范大学学报，1986 (5)：90-96.

[89] 张华伟. “头脑风暴”在大学英语合作写作中的应用研究 [J]. 海外英语，2010 (1)：54-56.

[90] 张茹，刘景霞. 图式理论与大学英语口语教学 [J]. 张家口职业技术学院学报，2006 (4)：56-58.

[91] 张燕燕. 基于图式理论的英语口语教学模式探析 [J]. 求索，2005 (11)：35-36.

[92] 钟美玲. 图式理论在初中英语听力教学中的作用 [D]. 福州：福建师范大学.

[93] 周遂. 图式理论与二语写作 [J]. 外语与外语教学, 2005 (2): 21 - 24.

[94] 周相利. 图式理论在听力教学中的应用 [J]. 外语与外语教学, 2002 (10): 24 - 26.

[95] 朱菊芬, 叶敏. 融大学英语写作训练于英语精读教学之中 [J]. 外语与外语教学, 1996 (S1): 35 - 38.

[96] 朱秀全. 从写作和阅读的关系看写作对阅读的影响 [J]. 玉林师范学院学报, 2005 (4): 17 - 19.